张嘴就来

邓　明◎编著

民主与建设出版社

·北京·

图书在版编目（CIP）数据

张嘴就来 / 邓明编著. —— 北京：民主与建设出版
社，2024.5
ISBN 978-7-5139-4559-2

Ⅰ. ①张… Ⅱ. ①邓… Ⅲ. ①语言艺术—通俗读物
Ⅳ. ① H019-49

中国国家版本馆 CIP 数据核字（2024）第 066347 号

张嘴就来
ZHANG ZUI JIU LAI

编　　著	邓　明	
责任编辑	顾客强	
封面设计	末末美书	
出版发行	民主与建设出版社有限责任公司	
电　　话	（010）59417747　59419778	
社　　址	北京市海淀区西三环中路 10 号望海楼 E 座 7 层	
邮　　编	100142	
印　　刷	三河市双升印务有限公司	
版　　次	2024 年 5 月第 1 版	
印　　次	2024 年 5 月第 1 次印刷	
开　　本	710 毫米 ×1000 毫米　　1/16	
印　　张	17	
字　　数	240 千字	
书　　号	ISBN 978-7-5139-4559-2	
定　　价	58.00 元	

注：如有印、装质量问题，请与出版社联系。

前言

　　美国著名政治家、科学家本杰明·富兰克林曾说："说话和事业的进展有很大的关系。你想获得事业上的成功，必须具有能够应付一切的口才。"纵观古今中外一切有大成就的人，大多是说话的高手，他们的号召力、影响力和组织力，在很大程度上就得益于他们高超的语言艺术。因此，能否把握说话的技巧，对你的人生至关重要。

　　更具有挑战性的是，很多时候还要求你在毫无准备的情况下张嘴就来。职场上，你每天难免都要随时与同事、上司进行交流；家庭中，你每天都要随时和爱人、父母、孩子沟通；社交时，要和朋友、客户联络感情，你也要随时发言……这就对你的语言水平提出了更高的要求。把握说话的场合和时机，张嘴就把话说出来，不但可以使你与亲朋好友、上司同事的关系更融洽，还可以使你成为众人瞩目的焦点，更能使你在众人中脱颖而出。

　　张嘴就来是一门艺术，自然也有一定的讲究。所谓"一句话让人笑，一句话使人跳"。关键时刻一句恰到好处的话，可以改变你的命运；一句不得体的话，也可以毁掉你的一生。说什么，怎么说，什么话能说，什么话不能说，都有很大的学问，这些都是需要你掌握的说话技巧。

　　要恰如其分地进行发言，首先要具备广博的知识，还要有敏捷的思维能力。此外，注意克服紧张心理也是十分重要的，一旦发言，就应该充满自信、精神放松。唯有如此，才能尽情发挥自己的水平。否则，本来能够在公众场合张嘴就作言之有物的讲话，也会因心慌意乱而讷讷无言，因表达不好而脸红"卡壳"。这不仅会造成尴尬场面，还会严重影响你的形象。

人际关系学家戴尔·卡耐基认为，世界上没有天生的演说家，要让你的演说能力更上一层楼，不仅要克服恐惧、树立自信，掌握演讲、说话时应该注意的方法和技巧等，还要努力向前，并向自我挑战，有追求人生理想、实现自我价值的坚定信念。

为了帮助大家提高发言水平、语言表达能力，我们编写了本书。书中详细介绍了在不同场合下讲话的实用技巧，涵盖了我们工作和生活的各个方面，论述深入浅出，颇具实用性。同时，还收录了大量的经典实例，便于读者更加深刻地领悟提高讲话水平的理论精髓和操作要点，特别是一些名人的精彩讲话事例，使您在领略大家风范的同时，获得愉快的阅读享受。

目录

第一章 张嘴就来应具备的基本技能

张嘴就来必备的语言技巧　/2

●用一个精彩的开场白打开局面　/2
●态度诚挚，以情动人　/3
●生动活泼，吸引听众　/4
●快速组织，顺理成章　/5
●入情入理，说服听众　/7
●通俗易懂，灵活掌握　/8
●结尾利落，回味无穷　/9

恰当运用各种修辞手法发言　/10

●比喻　/10
●借代　/11
●排比　/11
●双关　/12
●对照　/13
●引用　/13

张嘴就能应对各种突发情况　/14

●因势利导　/14
●顺势牵连　/15
●有意岔题　/15
●巧释逆挽　/16
●即兴回答　/17

● 一语双关 /18
● 借题发挥 /18
● 微笑应对 /19

完美驾驭各种场景的语言艺术 /19

● 比兴法 /20
● 定音控制法 /21
● 言语风格的反差利用 /21
● 抓住一个触发点 /22
● 场合置换法 /23
● 声东击西法 /23

第二章 主持会议张嘴就来

主持会议应遵循的发言宗旨 /26

● 会议主持者的素质与修养 /26
● 言之有度，掌握时机和分寸 /28
● 善于调动大家的情绪 /29
● 声音响亮有力，语调富有变化 /29
● 有头有尾，善于总结 /30

成功主持会议应该掌握的语言技巧 /30

● 开场精彩 /31
● 用好连接语 /31
● 巧妙打破沉默 /32
● 防止会议离题 /33
● 制止无谓争辩 /34
● 控制会议进程 /34
● 引导会议讨论 /36
● 灵活驾驭，提高会议效果 /37

主持会议的讲话误区　/39

● 开头、结尾无力　/39
● 照本宣科　/40
● 大喊大叫　/40
● 呆板呆滞　/41

第三章　即兴问答张嘴就来

在工作中如何主动提问　/44

● 给人以真诚、谦和的印象　/44
● 提问时语言表述应得体　/44
● 切忌强加于人或不留余地　/45

回答问题的原则性与灵活性　/47

● 以错对答　/47
● "草率"回答　/48
● 委婉回答　/48
● 搪塞回答　/48
● 谐音回答　/49
● "闪避式"回答　/50
● 曲解原意回答　/50
● 荒诞回答　/51

答记者问是高难度的发言　/52

● 了解答记者问的语言特点　/52
● 模糊回答　/54
● 顺水覆舟　/55
● 曲解本意　/56
● 寓理于事　/57

● 接茬引申 /58
● 现引现证 /59
● 否定假设 /60

第四章 谈判和辩论张嘴就来

谈判的语言艺术 /62

● 大智若愚策略 /62
● 吹毛求疵策略 /63
● 后发制人策略 /65
● 虚虚实实策略 /66
● 以迂为直策略 /67
● 事实抗辩策略 /68
● 巧用暗示策略 /70
● 软硬联手策略 /71
● 适时终止策略 /72
● 投石问路策略 /73
● 声东击西策略 /74
● 劝诱策略 /75
● 褒贬交替策略 /77
● 留有余地策略 /78
● 内紧外松策略 /80
● 车轮战术策略 /81

辩论的语言艺术 /82

● 针锋相对，揭其要害 /82
● 反嘲斥谬，以柔克刚 /84
● 取喻明理，寓理于喻 /84
● 诱导反问，不攻自破 /85
● 由彼及此，步步紧逼 /85

●婉曲作答，避其锋芒　/86
●转移论题，避而不答　/86
●诱导明理，有的放矢　/87
●以牙还牙，理直气壮　/88
●归谬制人，出其不意　/89
●设喻巧辩，贴切巧妙　/90
●机智折服，不卑不亢　/90
●避实击虚，立竿见影　/91
●反诘进攻，出其不意　/92
●以逸待劳，捕捉漏洞　/93
●借刀杀人，反戈一击　/95
●欲擒故纵，诱敌深入　/100
●聆听其言，揭示矛盾　/101
●权衡利害，明辨得失　/103
●对立引申，巧中取胜　/104
●指桑骂槐，双关反驳　/109
●"点穴"制胜，炉火纯青　/111

第五章　即兴演讲张嘴就来

演讲的语言要求　/116

●口语表达应具备较好的声音　/116
●口语表达应注重郑重性　/117
●善用幽默的表达方式　/118
●口语化　/119
●简洁明快　/121
●情感真挚　/122
●对演讲内容事先保密　/124
●停顿或沉默 —— 默语的运用　/125

开场、高潮与结尾的艺术　/128

● 提问式开场白　/128
● 悬念式开场白　/129
● "套近乎"式开场白　/129
● 赞扬式开场白　/129
● 道具式开场白　/130
● 渲染式开场白　/130
● 模仿式开场白　/131
● 恰当地构筑高潮　/132
● 结尾的艺术　/132

演讲中的感情传导与技巧运用　/133

● 呼召式　/134
● 变称式　/134
● 祝愿式　/135
● 演讲怯场分析　/135
● 演讲的暗示技巧　/139
● 演讲的激情效应　/142

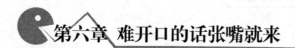

第六章　难开口的话张嘴就来

说服别人的语言技巧　/146

● 了解说服对象　/146
● 现身说法　/147
● 归谬说服　/148
● 动之以情　/150
● 晓之以理　/151
● 正话反说　/152
● 对比说服　/153

● 数字说服 /154
● 角色说服 /154
● 注意说服禁忌 /155

如何掌握说"不"的艺术 /157

● 推托拖延 /157
● 隐晦曲折 /158
● 避实就虚 /159
● 延时拒绝 /160
● 幽默拒绝 /161
● 假设拒绝 /162
● 反攻为守拒绝 /162
● 自嘲式拒绝 /163
● 赞美中拒绝 /164
● 曲解本意拒绝 /165

巧妙道歉的技巧 /166

● 错了，就及时承认 /166
● 没有错，有时也道歉 /167
● 诚恳地道歉 /168
● 幽默地道歉 /169
● 赞美中道歉 /170

及时调解纠纷的技巧 /170

● 调解纠纷的语言艺术 /171
● 唤起当事人的荣誉感 /172
● 强调争执双方的差异性 /173
● 重点突破一方 /173
● 将严肃的问题诙谐化 /175
● 模糊解决 /175
● 委婉规劝 /176
● 表现一方的才能 /177

第七章 激励下属张嘴就来

肯定和赞扬是最好的激励 /180

● 肯定和赞扬下属的重要性 /180
● 称赞要有事实依据 /182
● 一定要做到客观公正 /183
● 表扬要实在，不能大而空 /185
● 表扬要突出重点，同时兼顾左右 /185
● 表扬要具体，用事实说话 /186
● 表扬要公开及时 /187
● 扬长也要论短，增进下属认识 /187
● 切忌过于拔高 /188

恰当的批评也是一种激励手段 /188

● 否定和批评下级的基本原则 /189
● "三明治策略"——批评夹在赞美中间 /191
● 保全下级的脸面 /193
● 打一棒子，给个甜枣 /194
● 直接批评的三种方法 /195
● 迂回批评的四种方式 /196
● 综合运用批评策略 /198
● 批评下属的八个忌讳 /199

安抚下属是一种无声的激励 /201

● 引导下属寄希望于未来 /202
● 强调问题发生的客观因素 /203
● 表达一如既往的信任 /203
● 讲述成功人士的失败经历 /205
● 培养下属的自信心 /206
● 同情但不要怜悯 /206

第八章　与上司沟通张嘴就来

与上司沟通的语言艺术　/210

● 巧妙地恭维上司　/210
● 不抖搂上级的隐私　/211
● 忠诚求实　/212
● 请将不如激将　/213
● 迂回前进，攻其弱点　/214
● 锲而不舍　/217
● 不卑不亢　/218

善于表现，成为上司重视的人　/219

● 帮助上司释疑解惑　/219
● 善于稳定上司的情绪　/220

第九章　职场沟通张嘴就来

组织部门考核员工的谈话艺术　/224

● 运用多种谈话方式　/224
● 和谈话人建立起感情的桥梁　/225
● 边谈边动脑思考　/225

人事部门主持面试的谈话艺术　/226

第十章 宴会发言张嘴就来

说好祝酒词 /230

- ●围绕一个主题 /230
- ●适当地妙用修辞 /230
- ●适时进行联想 /231

把握好劝酒的"度" /232

- ●真诚地赞美对方 /232
- ●强调场合的特殊意义 /233
- ●强调自己与对方的特殊关系 /233
- ●用反语激将 /234
- ●采用以退为进的方法 /234

学会巧妙地拒酒 /235

- ●把身体健康作为挡箭牌 /235
- ●提及过度喝酒的后果 /236
- ●以家人不同意为由 /236
- ●挑对方劝酒语中的毛病 /237

第十一章 应酬亲友张嘴就来

与亲友沟通的方法 /240

- ●推心置腹，相互信任 /240
- ●动之以情，晓之以理 /241
- ●保持距离，适当回避 /241
- ●转移重心，以李代桃 /242

应酬亲友的忌讳　/243

- ●虚伪客套　/243
- ●居"官"自傲　/244
- ●放弃原则　/244

第十二章　拜访他人张嘴就来

拜访他人的语言艺术　/246

- ●寒暄不可少　/246
- ●言谈不要散　/247
- ●体态语不宜多　/247

探望病人的语言艺术　/248

- ●不要触及病人的痛苦　/248
- ●多谈愉快的事情　/249
- ●从反面谈生病的意义　/249
- ●强调病人的其他优势　/250
- ●从病人细微变化做出乐观估计　/250
- ●劝病人安心养病　/251
- ●注意保持口径一致　/252
- ●探望病人时的语言忌讳　/252

致谢　/255

第一章 CHAPTER ONE

张嘴就来应具备的基本技能

☼ 张嘴就来必备的语言技巧

随时随地发言是我们常遇到的事情。比如，在参加各种讨论会、表彰会、欢迎会以及欢送会等时，经常要当众发言。它要求发言者边想边说、边说边想，张嘴就来，所以很能体现人的思维应变能力和口语表达水平。因此，我们很有必要提高自己发言的语言技巧，以便在这种场合临阵不慌、应对自如。

●用一个精彩的开场白打开局面

发言的开头，也叫开场白，它很重要，能不能马上抓住听众，往往决定着整个讲话的成败。好的开场白就像一个出色的导游的发言，一下子就可以把听众带入讲话者为他们拟设的胜境；好的开场白是演讲人奉献给听众的一束多姿的花朵；好的开场白最易打开局面，便于引入正题。因此，开场白不能平铺直叙、平庸无奇，而要努力做到不落俗套、语出惊人，这样才能出奇制胜、先声夺人。

世界著名电影喜剧大师查理·卓别林在第一次世界大战期间，应邀去华盛顿做自由公债募购的动员演讲。在华盛顿的一个足球场内，卓别林面对着站在球场的成千上万的听众，不停地说："德国人已经侵入了许多国家，我们必须拦住他们！只要你们买自由公债，我们就有力量阻拦他们！记住了，每买一份公债，就可以救活一个士兵——一位母亲的儿子！我们就可以早日打胜这一仗！"

卓别林这段话，以强烈的对比、浓烈的情感色彩，极力渲染了世界危机的严重和爱国主义精神的崇高及国民的神圣义务。这就为下面购买公债的动员提供了充分的理由，做出了有力的铺垫。

●态度诚挚，以情动人

讲话者在环境、对象、内容的感召下，往往有一种强烈的表达欲望。这种欲望产生于讲话之前，贯穿于讲话的全过程中，它首先应当体现在讲话者诚挚的态度上。诚挚的态度能够直接影响听话者的情绪，关系到听话者对讲话内容的接受程度。诚挚、热情、坦率的讲话能够吸引听话者，能够缩短讲话者与听话者之间的距离，使听话者始终为讲话者的诚恳坦率所打动，大大增强讲话的实效。

北宋词人晏殊 14 岁时参加殿试，宋真宗出了一道题让他做。晏殊看过试题后说："陛下，10 天以前我已经做过这个题目了，草稿还在，请陛下另外出个题目吧。"宋真宗见晏殊如此真诚，感到他很可信，便赐予他"同进士出身"。

晏殊在史馆任职期间，每逢假日，京城的大小官员常到外面吃喝玩乐。晏殊因为家贫，没有钱出去，只好在家里和弟兄们读书、写文章。有一次，宋真宗点名要晏殊担任辅佐太子的东宫官，许多大臣不解。对此，宋真宗解释说："近来群臣经常出门游玩宴饮，唯有晏殊与弟兄们闭门读书，如此自重谨慎，正是东宫官的合适人选。"然而，晏殊向宋真宗谢恩后说："其实我也是个喜欢游玩宴饮的人，但因家里贫穷无法出去。如果我有钱，也早就参与宴游了。"这两件事，使晏殊在群臣面前树立起了信誉，而宋真宗也更加信任他了。

●生动活泼，吸引听众

当众发言，应力求生动活泼，以增强临场气氛。我们可用听众比较熟悉的特定的地点、特定的节目，或用有某种象征意义、纪念意义的实物等来设喻，把抽象的道理说得生动形象，增强讲话的通俗性和说服力，使人听起来亲切、动情。

世界著名科学家爱因斯坦的相对论在《物理学年鉴》发表后，引起整个世界的轰动。有一次他应邀到一所大学去演说。有人问他什么是相对论。他解释说："假如让你坐在一个漂亮姑娘的身旁，即便坐上几个小时，但你觉得像是片刻；反之，如果让你坐在热火炉上，即便是片刻，你也会觉得像几个小时，这就是相对论的意义。"

以具体事物作喻体来说明抽象事物，许多人都懂都会用，但想用得好却并不容易。爱因斯坦用来说明相对论的喻体选得非常精彩，热火炉与漂亮姑娘这两个喻体不仅具体，而且形象。这就便于说明一个抽象理论，便于听者展开思维联想而领悟相对论的精髓。而且，这样的喻体与相对论这样一个严肃深奥的科学理论放在一起，还形成了一种幽默感，使听者在一种愉快轻松的氛围中接受了一个现代观念。

发言者还应讲究一些艺术手法。比如，在内容上，以短小精悍、结构严谨为佳。冗长散杂、啰唆重复，必然会使人乏味。讲话前将自己所要讲的内容先确定几层意思，反复加以浓缩，阐述得简洁、新颖，条理明晰。我们发言时多为小型场合，除少数庄重的会议外，一般应庄谐结合，适时口出妙语，营造轻松和谐的气氛，以使听众易于接受自己的观点。即使在严肃的场合，如果能适当增添一点风趣，也很容易沟通彼此感情，增强讲话效果。

●**快速组织，顺理成章**

在很多场合，发言并没有精心制作的讲话稿，因此在讲话时，需要临场发挥。发言者在构思初具轮廓后，应注意观察现场和听众，捕捉那些与讲话主题有关的人或情景，因地设喻，见景生情，以使讲话的内容生动形象，增强与听众的感情。

那么，在有限的时间里，如何富有条理地做好发言呢？

大致可分两步，即先明确讲什么，再设计怎么讲。分开来说，第一步便是明确讲话主旨，确定材料范围，也就是选择一个恰当的话题。

这个并不难，因为在一般需要发言的场合，如集会、参观、访问、联欢等，它们的背景、具体环境，预先是知道的，所以，话题的大范围是确定的，关键一点是能不能抓住现场气氛的特点，说出一点新鲜的话来。这就需要选择一个展开话题的最佳角度。这个选择是在观察现场、感知气氛、了解他人、知己知彼的基础上确定的。切忌把别人说过的话题拿来再说，力避雷同，追求新意。要做到这一点，有效的办法是提高层次、转换角度、高屋建瓴、另辟蹊径。虽身在现场，但先要从思想上站在圈外，纵观全局，细察情势，再做决定。若先说，就要先声夺人；若后讲，也要后发制人，道别人之未道，方显独到。至于是先说还是后说，要根据自己的灵感，对问题理解的程度，以及对现场的感受，分析利弊，适当把握。总之，要选择一个适当角度、最佳时机来展示自己，这样，成功的可能性要大一些。

明确了目标、选好了角度后，第二步是顺应思路组织材料。从发言人来说，现场准备，不可能长篇大论；从听众来看，由于是一种特殊场合，既不可能，也没心思去听滔滔不绝的讲话。发言要精彩、热烈，要少而精，多则五六分钟，少则两三分钟，最好不要超过五分钟；从内容上说，一次只说一个问题，集中力量，说深说透说精彩，给人留下深刻印象。短话比长话更难讲，但是，它留给人的印象更加深刻。

美国前总统里根在第二十三届洛杉矶奥运会上的致辞，仅有 16 个英文单词，翻译成中文也只有 25 个汉字。他的致辞是这样的："我宣布进入现代化的第二十三届奥运会，在洛杉矶正式开幕！"短短的 25 个字的讲话，把第几届、什么会、在哪里开、其时代特征都讲了出来。这一讲话，创造了奥运会开幕式讲话精彩而简短的纪录。

确定了话题，选定了角度、时机，紧接着就是确定讲话的思路，或者说线索，并在这个线索的每一段上找到关键的闪光点。这样，有线、有点，一篇简短发言的骨架就有了。如果说起来能够方寸不乱、从容发挥，使讲话丰富充实，没有明显的语病，那么，这样的发言就算是成功的。

在一些情况下，发言虽然具有临时性、突然性的特点，又时间紧迫，但大多数时候也不是没有任何时间来加以准备的。应抓紧机会迅速准备，最好打个"腹稿"。至于这个"腹稿"如何打，还要根据每个人的不同情况以及不同场合，采取不同的形式。

首先，不管采取什么形式，都要对发言的内容进行抽象概括。训练有素者和有发言经验的人，在讲话之前的短暂时间里，就能根据场合的性质、环境、人员、气氛等，确定要讲的中心内容，以及先讲什么、后讲什么，不用专门考虑。而对于初次发言者来说，恐怕就要吃力些，不可避免地会出现一些漏洞，这需要在实践中提高。经验不多的人发言时，可将内容高度浓缩，进行要点提示，以免疏漏。如我们要在欢迎新同事的会上发言，既要表示欢迎，又要根据对这位新同事有关特长的介绍表示向他学习。在拟"腹稿"之时，我们可用"欢迎""新血液""学习"等诸如此类的词来对讲话内容进行抽象概括，以此作为讲话主干，适当加以发挥。

其次，要组织好句群。所谓句群，也叫句组，是前后衔接连贯的一组句子。它是一篇发言的基础单位。一个句群有一个明晰的中心意思，称为"意核"，它可以使几句话联结成群。如果我们准备三五个，或更多个"意核",扩展成句群,一篇发言"腹稿"也就出来了。这里值得注意的是要掌握组句成群的技能。发言前可先想好几个"意核"。

例如,老同学聚会,有人突然提议让你发言。你可以迅速定好这样几个"意核",一是参加聚会很高兴;二是奔腾的思绪勾起了美好的回忆;三是大家此时重逢别有新意;四是下次相会我们各自将会取得更大成绩。有的讲话可分几大段、几小条,每条定几个"意核"。围绕这些"意核",或补充,或联想,或举例,先后次序可随临场的情景与心境而随机处理。一个"意核"被充分地发挥之后,再按已确定的下一个"意核"讲。运用这种打"腹稿"的办法进行发言,会更好地适应发言的临时性特点,使发言既有条理性,又有灵活性。

古语说:"言不在多,达意则灵。"语言是传达信息和交流思想的工具。同样,发言的技巧和表现手法也主要体现于语言的运用上。要语不繁,字字珠玑,能使人不减兴味;而冗词赘句、唠唠叨叨、不得要领,必令人生厌。

●入情入理,说服听众

讲话的效果如何,不仅要看能否准确地表达,更重要的是要看听众能否理解和接受。由于发言是针对性很强的说话形式,所以,说话时一定要考虑到听众的心理需要,了解听众的特点,说出听众急切想听到的内容,这样才能使讲话受欢迎,才能使听众易于理解,肯于接受讲话人的观点。另外,把话讲到听众的心坎上,必然会大大促进双方的心理交流,使听众信服。

下面我们来看一下戴高乐将军的一次演讲。

事情已经定局了吗?希望已经没有了吗?失败已经确定了吗?没有!请你们相信我,我是根据对事实的充分了解说话的,我告诉你们,法国并没有完，使我们失败的那些因素总有一天会使我们转败为胜。

因为法国并非孤立作战！它不是单枪匹马！它不是四处无援！它有一个庞大的帝国作为后盾。它可以与控制着海洋并在继续作战的不列颠帝国结成同盟，它也可以像英国一样充分利用美国巨大的工业资源。

…………

我是戴高乐将军，我正在伦敦。我向目前正在英国领土上和将来可能来到英国领土上的持有武器或没有武器的法国官兵发出号召，向目前正在英国领土上和将来可能来到英国领土上的一切军火工厂的工程师和技术工人发出号召，请你们和我取得联系。

无论发生什么情况，法兰西抵抗的火焰决不应该熄灭，也决不会熄灭。

这篇演讲发布于 1939 年 6 月 18 日下午 6 时，当时戴高乐由若·法库塞尔陪同，来到了伦敦布什大厦的 B2 播音室，坐在麦克风前开始了他对法国人民的首次广播。那是一个历史性的时刻，戴高乐带着微颤的声音通过无线电波向法国人民大声疾呼。他的演讲充满了激情和信心，把握住了法国公众此时的心理。在希特勒军队的威压之下，法国人心濒于崩溃，而戴高乐审时度势，力陈法国是不会完的，他的这次演讲，使全国听众为之热血沸腾。从那时起，法国抵抗法西斯的运动拉开了序幕。

● 通俗易懂，灵活掌握

讲话的目的是让人听懂。台下听众水平尽管不一，但是都要在短时间内迅速弄懂讲话人的每一句话，全面理解话里的观点，这并不是一件简单的事。如果讲话人在讲话时板着面孔，卖弄辞藻，用一些艰涩的词汇和听众捉迷藏，无异于存心让听众听不懂，这样的讲话岂不是浪费时间？

人们对任何道理的认知，都要经过由浅入深、由具体到抽象的过程，所以在讲话中，应当使用通俗易懂、生动形象的语言来表情达意。这样，才能使所讲的道理易于被听众接受，才能使讲话受到听众的欢迎，才能给听众留下深刻的印象。事实上，有时一个精彩贴切的比喻，可以使一个复杂的道理，显得十分简洁明确，这也是人们常常感到某些讲话乍听起来平淡朴素，但是却耐人回味，而且越琢磨越感到真切清新、寓意深刻的原因。

通俗易懂并不是使语言过分庸俗，它有一个标准，就是讲话者所运用的语言与大多数听众的水平相适合。如果听众是知识层次较高的专家、学者，就要求讲话者在使用语言时不能过于通俗化，否则将会显得啰唆冗长，达不到效果。因而，我们要针对不同对象的接受能力，灵活掌握语言的应用。

●结尾利落，回味无穷

发言如能有一个好的开头、好的内容，再有一个好的结尾，那就可以达到很好的表达效果。结尾时，要有力度，不冗长拖沓，不画蛇添足，而且要在达到高潮时戛然而止，给听众以深刻的印象，留有回味的余地。

美国的莱特兄弟在成功地驾驶动力飞机上蓝天后，人们在法国的一次欢迎酒会上再三邀请哥哥威尔伯·莱特讲话，他随即讲道："据我们所知，鸟类中会说话的只有鹦鹉，而鹦鹉是飞不高的。"这一句深含哲理的发言，博得了与会者长时间的掌声，至今还一直为世人所称道。

发言结尾的方法很多，可用充满激情的话语结尾、总结全篇的简短结论结尾、赞颂的话语结尾、名言警句结尾、诗词歌赋结尾、幽默的语言结尾和号召呼吁结尾，等等。不论采用哪种方法，都应使结尾干净利落，起到再现主题、收拢全篇的作用。

☼ 恰当运用各种修辞手法发言

汉语的修辞手法是非常丰富的。在发言中如果能够恰当地运用修辞手法，可以有效地增强语言的生动性，明显地提高表达效果。所以，我们在进行发言时要善于运用一些修辞手法来为自己想要表达的内容服务。

● 比喻

比喻是说话时经常使用的手法，它使语言生动形象，把抽象深奥的内容具体化、通俗化，使听众摸得着、看得见、想象得出。精彩的比喻能够给人留下鲜明深刻的印象。例如，在 2008 年中央电视台举办的"赢在中国"第六场比赛中，新东方教育集团总裁俞敏洪精彩点评，发表"树草理论"：

我们每个人都需要自己的成长空间，我们人的生活方式有两种。第一种是像草一样活着，你尽管活着，每年还在成长，但是你毕竟是一棵草，你吸收雨露、阳光，但是长不大。人们可以踩你，但是人们不会因为你的痛苦而痛苦，人们不会因为你被踩了而来怜悯你，因为人们本身就没有看到你。

所以，我们每个人都应该选择第二种活着的方式——像树一样活着，像树一样成长。即使我们现在什么都不是，但是只要你有树的种子，即使被人踩到泥土中，你依然能够吸收泥土的养分，自己成长起来，也许两年三年你长不大，但是十年二十年，你一定能长成参天大树！

那时，即便是在遥远的地方，人们也能看到你，走近你。你能给人一片阴凉、一片绿色，你能帮助别人，即使人们离开你以后回头一看，你依然是地平线上一道美丽的风景线。树，活着是美丽的风景，死后也是栋梁之材。活着或死了都有用，这就是我们每个同学做人的标准和成长的标准。

俞敏洪的出色演讲源于他敏捷的思维、深刻的思想。这里他用比喻说明两种人：第一种是像草一样活着，第二种是像树一样活着。两者之间对比鲜明，富有创新性，告诫每个同学做人的标准和成长的标准，激起了听众的感情共鸣，产生了一股强大的神奇力量。

● 借代

为了把某一问题说得清楚形象，借用与这一内容有关的、比较具体的、为人们所熟悉的另一内容代替它，这就是借代。例如："学好 ABC，到处都有用"，把 ABC 看作英语的特征，借以代指英语；"目不识丁"，借"丁"字代指全部文字；"阡陌交通，鸡犬相闻"，"鸡犬"代指鸡犬之声，因鸡犬之声属鸡犬所有；"兵革既未息，儿童尽东征"，"兵革"代指战争，因兵器和盔甲是战争所凭借的物质条件。

说话中灵活运用借代这种技巧，会使说话人的话语更生动，更能收到良好的效果。因为这不但说到了某人或某物，而且还把与某人或某物有密切关联的东西也说出来或暗示出来了。所以，这样的话更能启发听众去联想，因而也就更能吸引听众。

● 排比

把几个语义相关、结构相同或相似的句子连用，这就是排比。排比能够增强语势，还能增强语言的节奏感，所以在发言中经常用到。

美国黑人民权运动领袖马丁·路德·金在他著名的演讲《我有一个梦》里运用了一系列排比句式，以排山倒海、荡气回肠之势，令人难忘。

我有一个梦，有朝一日，这个国家会跃然而起，将立国之纲的真谛付诸实践。我们信奉一条不用证明的真理："人，生而平等。"

我有一个梦，有朝一日，即便是密西西比州，那里压迫和不平如同酷暑炽热的茫茫荒漠，也终将变成自由和公正的青春绿洲。

我有一个梦，有朝一日，我四个所爱的孩子将生活在一个不再以肤色深浅，而是以品格高低为论人准绳的国家里。

我有一个梦，有朝一日，在亚拉巴马州，黑男孩黑女孩和白男孩白女孩如同兄弟姐妹一般，手挽手，肩并肩，同乐而行……

他没有直言要"民权"、要"自由"，而是设置了几个在他所营造的充满民权、自由和博爱的国度里，人们相亲相爱、亲密无间的场面，以此来唤醒人们对民权和自由的强烈愿望与追求。

●双关

说话时，使用的每一个词或每一句话都有其特定的含义，有时这种含义却并不表现在这个词或这句话的字面意义上，而隐含在这个词或这句话的背后。而说话的人要表达的意思则恰好隐含在这个词或句子背后。这便是双关技巧。

一语双关的用法有很多，但最主要的还是运用谐音法。

有一次，一位小伙子向老人问路："喂！去索家庄该走哪条路？还有多远？"

老人抬头看了小伙子一眼，对他的傲气和无礼很不高兴，随口应道："走大路一万丈，走小路七八千丈。"

小伙子听了摸不着头脑："怎么这儿论丈不论里？"

老人笑着对他说："原来这儿是讲里（礼）的，自从不讲里（礼）的人来了才讲丈的。"

小伙子一听就知道自己失礼了，老人正在婉言批评自己，连忙给老人赔礼道歉。

在特殊情况下，不愿明言指责，运用谐音法可达到委婉批评的效果。

●对照

对照的作用是形成鲜明的对比，突出事物的本质特征，使人一听就明白，从而增强说服力。例如："共产党就是要奋斗，就是要全心全意为人民服务，不要半心半意或者三分之二的心三分之二的意为人民服务。"

在这里，为了强调、肯定"全心全意"，就用否定"半心半意或者三分之二的心三分之二的意"来对比说明，以加深印象。

●引用

在分析、说明某一问题时，引用著名人物的话或大家常用的熟语来阐明自己的观点，或引用对方的话加以反驳，都是说话时经常采用的方法。例如，俗话说："到什么山上唱什么歌。"又说："看菜吃饭，量体裁衣。"我们无论做什么事都要看情形处理，文章和演说也是这样。

这里引用两句民谚生动说明了作文讲话都必须针对具体情况。

再如："春分刚刚过去，清明即将到来。'日出江花红胜火，春来江水绿如蓝。'这是革命的春天，这是人民的春天，这是科学的春天！"

这里引用白居易《忆江南》中的名句，色彩鲜明地展现出大好春光，象征着祖国欣欣向荣的面貌，表现了作者的欣慰心情。

在发言中，引用名人名言、成语典故以及一些具体事例、数据，能增强讲话的分量，增强讲话的效果。

☼ 张嘴就能应对各种突发情况

● 因势利导

一个管理者走进办公室时，却看到几个人正在为昨夜的女排比赛议论纷纷。面对这一意外情况，这位管理者没有命令大家停止议论，而是兴致勃勃地加入了讨论，谈起了自己的感想。两三分钟后，大家静下心来听他讲时，他却巧妙地将话锋一转："中国女排的胜利为中国人争得了荣誉，它证明了中国人的伟大，但是中国在科学技术、经济建设上还很落后，被人瞧不起，我们也要有女排这种拼搏精神，把我们的科学技术、经济建设搞上去……"

这位管理者运用的就是"因势利导"的语言艺术。他及时地"借"了员工们强烈的爱国热情之"势"，恰到好处地加以点拨指引，顺势将大家的热情引导到工作上，不仅很快恢复了办公秩序，还借此激励员工们努力工作，收到了很好的效果。如果这位管理者运用命令式的语言表达方式，虽然也可达到停止议论的目的，但无法使大家的思维从"女排比赛"中走出来。当人的思维朝着一定的方向行进，特别是当人处于亢奋状态时，命令式的语言、强迫的手段效果一般都不好。因此，碰到类似上述突发事件时，只有借其势，用巧妙的语言形式，自然地加以引导，才能达到扭转局势的目的。

●顺势牵连

一位数学教师刚走上讲台，同学们忽然大笑起来，使他感到莫名其妙。坐在前排的一位女生小声对他说："老师，您的扣子扣错了。"教师一看，果真第四颗扣子扣在了第五个扣眼里。局面有些尴尬，迅即这位教师像煞有介事地对学生们说："老师想心事了，急急忙忙赶着与你们来相会。不过，这也没什么好笑的。昨天我们有的同学做习题时，运用数学公式就是这样张冠李戴的。"

这位老师先用幽默的语言为自己解了围，紧接着，又顺势把这意外事件和学生的学习情况联系起来，借此作比，指出了学生学习中的类似错误，语言既显得自然，又生动形象，很快摆脱了尴尬的局面。

顺势牵连的应急艺术的确能有效地使人从困境中摆脱出来，但必须注意"牵"得要自然、"连"得要巧妙，不能牵强附会，否则会弄巧成拙。

●有意岔题

一次服装展销会上，一位营业员正在向众多的顾客介绍服装的式样，突然听到有个顾客在说："式样不错，就是老点。"这位营业员一听，马上机灵地接着说："这位同志说得对，我们设计的服装式样好，又是老店，质量有保证，价格也公道……"

其实，那位顾客说的是"式样老了一些"的意思，这位营业员怕其他顾客受他这句话的影响，因而灵机一动，利用词的同音关系把"老点"改换成"老店",岔开了对自己不利的话题,模糊了对方的注意指向,有效地把大家的注意力引导到对自己有利的方面来。

岔题是应付突发事件的有效方法。但要使岔题成功,必须注意两个问题:一是要自然。所谓自然,就是指岔开的话题与原来的话题连得上、说得通。也就是说,岔开的话题与原来的话题要有某种联系,如两个词语读音相同或相近、两个词语意义相连、两个话题概念相近、两个景物同处一种语境,等等。二是岔题要及时。所谓及时,就是指岔题要抓紧时机,找准岔口,在对方话题尚未充分展开之前就以新的话题取而代之,使对方在不知不觉之中离开原来的话题,将注意力逐渐转移到新的话题上去。

●巧释逆挽

一次智力竞赛抢答会上,主持人问:"三纲五常中的'三纲'指的是什么?"一名女生抢着答道:"臣为君纲,子为父纲,妻为夫纲。"在慌忙中她把三者的关系正好颠倒了,引起哄堂大笑。女生意识到这一点后,立刻补充道:"笑什么?这说的是新'三纲'。"她接着解释说:"现在,我们国家人民当家作主,是主人,而领导者,不管官有多大,都是人民的公仆,这不是'臣为君纲'吗?当前,父母普遍宠爱孩子,孩子都成了父母的'小皇帝',岂不是'子为父纲'吗?现在,许多家庭中,妻子的权力远远超过了丈夫,'妻管严''模范丈夫'十分流行,岂不是'妻为夫纲'吗?"话音未落,大家对她的这种巧妙应变报以热烈的掌声。

从上例可以看出,如能巧妙地随机应变,对突然出现的变故进行一番别出心裁的解释,不失为挽救危局、变逆势为顺势的一个良策。但"巧释逆挽"的语言技巧不仅需有机敏冷静的头脑,还要有渊博扎实的知识做基础,平日里需多积累,才能"厚积薄发"。

●即兴回答

孔融 10 岁那年，有一次到李膺家做客，当时在场的都是些社会名流，孔融对答如流，得到宾客们的称赞。但有一位叫陈韪的大夫却不以为然，讥讽地说："小时候聪明，长大了未必也聪明。"孔融立刻回答道："我想先生小时候一定很聪明吧？"

孔融采用以其人之道还治其人之身的语言形式，以问作答，把对方射过来的"炮弹"又原样给射了回去。作答的语言一般都带有明显的嘲弄意味和讽刺意味，通常是由对方出言不逊、讽刺挖苦所引起的，这样的语言表达方式一般出现在一方不友好的情况下，是答方对不礼貌的问方以牙还牙式的回敬。但"即兴回答"的语言艺术用途并非局限于此，分寸掌握得当，也可用于友好的朋友之间和亲切的氛围中。

我国著名歌唱家关牧村出国演出，在英国一次酒会上，主人风趣地说，关牧村的歌喉太迷人了，要用他们的市场交换她。关牧村立即也用玩笑的方式回答道："实在对不起，我只能把歌声留给你们，因为临来时，我把心留在祖国了。"关牧村巧妙的回答赢得了掌声、笑声，融洽了宾主间的感情，增进了双方的友谊。

关牧村也是用对方的讲话方式来回答对方的问题，但在语言表达上和前例有着明显的区别：一是语气不同，二是感情色彩不同。第一例的答语带有明显的讥讽嘲弄意味，第二例关牧村的笑语则诙谐幽默。因此，它们所显示的效果也完全不同。可见，分清场合、对象，视具体情况采用与之相适应的语言表达方式，是运用"即兴回答"的语言艺术时必须予以注意的。

●一语双关

第二次世界大战期间，英国首相丘吉尔到华盛顿会见美国总统罗斯福，要求美国和英国共同抗击德国法西斯，并给予物资援助。丘吉尔受到热情接待，被安排住进白宫。

一天早晨，丘吉尔躺在浴盆里，抽着他的特大号雪茄烟。门突然开了，进来的是美国总统罗斯福。丘吉尔大腹便便，肚子露出水面……两人在此相遇，都非常尴尬。丘吉尔扔掉了雪茄烟，说："总统先生，我这个英国首相在您面前可真是一点也没有隐瞒。"说完两人哈哈大笑起来。

丘吉尔这一句风趣幽默又巧合双关的话，不仅使双方从尴尬的情景中解脱出来，而且借此机会再一次含蓄地阐述了自己的观点和目的，意外地促成了谈判的成功。

●借题发挥

20 世纪 30 年代，美国政界要人凯升首次在众议院发表演说时，打扮得土头土脑。一个议员在他演讲时插嘴说："这位伊利诺伊州来的人，口袋里一定装满了麦子吧！"这位议员的讽刺挖苦和台下的哄堂大笑并没有使凯升面红耳赤，凯升也没有针锋相对地回敬，而是顺着对方的话题，很坦率地说："真的，我不仅口袋里装满了麦子，而且头发上还藏着许多菜籽呢。我们住在西部的人，多数是土头土脑的。"他的坦率和真诚赢得了听众的好感，由被动变为主动。于是，他话锋一转，乘势借题发挥。他说："不过我们藏的虽是麦子和菜籽，却能长出很好的苗子来！"语言虽然含蓄，但针对性很强，明确地阐明了自己的观点和长处，演讲获得了很大的成功。

"借题发挥"的语言艺术，运用得好，不仅能把被动转为主动，使窘迫变得自如，还能化消极因素为积极因素，从而获得演讲的成功。

●微笑应对

邵逸夫的微笑是极为著名的。在 20 世纪 60 年代初邵氏公司举行的一次盛大宴会上，工商界的名流、文艺界的知名人士等齐聚一堂。电影红星林黛的母亲席间向邵逸夫劝酒，也许是邵逸夫精神不集中没有注意到，受到怠慢的她一怒之下将杯里的酒泼到邵逸夫脸上。众目睽睽，一片哑然。可是，邵逸夫若无其事，还是那样微笑着："老太太醉了！"一句话成功圆场，使在场的人无不佩服他的笑功与自制力，酒会没有不欢而散，也顾全了影星林黛的面子。林黛也因此对邵氏忠心耿耿。

微笑是"动听"的"形态语言"，它能生动地表达出说话者美好的内心情感，无形中拉近了与对方的距离。邵逸夫正是运用微笑巧妙地应对了突然出现的尴尬情况。

完美驾驭各种场景的语言艺术

场合的陪衬作用使人们以有限的言辞表达无限丰富的内容，完成言语交际。但不同的场合对语言的运用有着不同的制约和影响作用。这就要求我们科学分析场合因素，采取相应对策。如果我们能恰当地利用场合，借用特定时间、空间的情景所具有的特定含义，将会提高语言艺术，从而取得满意的效果。

●比兴法

比兴本是诗歌创作技巧，这里指一种语言表达方法。"兴者，先言他物以引起所咏之词也。"也就是由眼前之事入手，逐步引起所要谈的内容。有些场合不便开门见山直接进入中心话题，需要迂回时，就可采用比兴法，先谈谈在具体的时间地点中所见到或听到的，待气氛融洽后再转入正题。

"比者，以彼物比此物也。"即结合场合中的具体形象表述，因地设喻。著名琵琶演奏家刘德海赴美参加音乐节，在波士顿交响乐团的欢迎宴会上，面对宴会上主人安置的烛光，即景生情地说："今天老朋友会面，心里格外高兴。眼前餐桌上的烛光是那样安详，它象征着我们两国音乐家之间融洽的友谊。而且，火热的烛光，它又表达了我们宾主之间温暖的心。"这便是比兴手法的成功运用。

这里所说的比兴，实际上是比喻、对比、类比等修辞技巧的总称。比兴手法运用在文艺创作中可以增强作品的艺术感染力。同样，比兴手法运用在我们的语言表达中，也可以增加语言的艺术魅力，提高语言的表达效果。比和兴两种手法又常常融合运用，既托物发端又以物表意。

《战国策》中有这样一个事例：

庄辛曾劝告楚襄王，不要淫逸奢靡，楚襄王不听。秦国攻占楚国大片国土后，楚襄王有所醒悟，召庄辛问计。庄辛说："大王，您见过蜻蜓吗？六只足，四只翅，高高地飞在天上。它飞下来捕食虫子，自以为很安全，可是却被小孩子捉住而丧了命，最后成为蚂蚁的食物。"庄辛以蜻蜓兴，又以蜻蜓、小孩子、蚂蚁作比，说明丧失警惕性的危险，使楚襄王认识到问题的严重性。

我们在以说服、教育、启发、引导为目的的工作中，要合理使用这一技巧，切忌生搬硬套、乱为比兴。

●定音控制法

无论我们出现在何种场合，第一句话就应体现出自己的语言特色，以控制交际氛围，迅速"俘虏"听者的听觉、思维乃至心弦，如同乐曲演奏时的调弦定音。

《三国演义》开篇就是警醒之言："话说天下大势，分久必合，合久必分。"一语道出，就是战争动乱的开始。电影《元帅与士兵》中，集训队员得知元帅要训话，可元帅却要改变这种严肃紧张的气氛。于是他缓步走近队列："要我讲话，我就两个字：解散！"队员大惑不解，元帅坐在一棵树下，招呼队员们围在他的旁边，微笑着说："用训话代替训练，能训练出打硬仗的士兵？""我是来找大伙谈心的，来帮助你们解决困难的。"元帅用一番平易近人的温和言辞作为开场白，彻底打消了队员们的拘谨，于是一场活泼的亲如家人的促膝谈心场面由此开始了。

●言语风格的反差利用

这种方法适用于群情激愤或众人牢骚满腹的场合，便于有效地卸掉他们的思想包袱，消除他们不正常的思想情绪。下级在工作中受了委屈，或者对上级政策的误解、不满等，常常会有旺盛的火气，对着上级一股脑儿发脾气，拒不给对方机会解释。如果上级也是同样的高嗓门、同样的强硬语气，必定火上浇油。这时，上级可以先任其发泄完心中的不满，等其心境渐渐平静下来时，再以低沉稳重的语调、礼貌的措辞正确地讲解说服，以冷对热，以抑制扬，造成双方言语风格的反差，低沉稳健的语调在不知不觉间缓和调节了对方的思想情绪。

我们在发言时既要与听者的发言在风格上形成反差，同时自身发言也要在节奏上形成反差。抑扬顿挫，有沉默也有激越，在大起大落的强烈反差中，给听者以深刻的印象。沉默制造肃静，带有一定的威严，便于控制场面；激越则能把自己的感情更富有感染性地传达给听者。适当的停顿，可以给听者提供理解问题的时间，帮助他们与我们进行"同步思维"，又可以引起悬念，铺垫下文。

美国独立战争前夕，国务卿斐特瑞克·亨利在弗吉尼亚州议会上的演讲结尾是这样的："我们的同胞已经身在疆场了，我们为什么还要站在这里袖手旁观呢？先生们希望的是什么？想达到什么目的？生命就那么可贵？和平就那么甜美？甚至不惜以戴锁链、受奴役的代价来换取吗？全能的上帝啊，阻止这一切吧！在这场战斗中，我不知道别人会如何行事。至于我，不自由，毋宁死！"

这段话的魅力，不单单体现在对生命、自由、和平的精深认识，也在其不同语言风格的精彩运用。首句沉郁悲壮，且连用六个问句，酣畅淋漓地提出一系列不容回避、促人警醒的问题。最后一句话不仅有深刻的思想内涵，而且在语言上也精彩至极。

●抓住一个触发点

各种场合所涉及的问题很多，要谈的内容也有很多，如果能抓住一个触发点深谈开来，则更贴近场合。

在北京教育界四团体祝贺杜威博士 60 岁生日晚餐会上，蔡元培先生作为北大校长，代表北大发表的祝贺演说，就是抓住了与场合相称的一点。"我最先感想的，就是博士与孔子同一生日。"以这种时间上的偶然巧合为引子谈开来，把杜威作为当时哲学界、教育界的权威与中国古代哲学家、教育家孔子进行比较。在祝贺杜威博士生日的场合表达这些意思，既赞颂了杜威先生，又关注主客双方，恰当地表达了祝贺之意。最后他又说："并且我们作孔子生日的纪念，与孔子没有直接的关系；我们为博士的生日庆祝，还可以直接请博士赐教。所以对于博士的生日，我们觉得尤为亲切一点。我谨代表北京大学全体举一觞，祝杜威先生生日快乐！"蔡元培先生一席话突破恰当的触发点——时间巧合，适应了场合的要求，内容实在而深刻。

●场合置换法

通常情况下，有些词汇或内容只适用于特定的场合，如果巧妙利用另外场合的语言，会收到普通词语艺术化的效果。

在引滦工地一支铁道兵部队的指挥所里，工作环境恶劣，劳动艰苦。一位记者与指挥所的领导共进午餐，他不满地提醒领导："你们指挥所的蚊子真多，把我的腿都咬烂了！"记者说这话不过是口头上发发牢骚而已，如果领导再一本正经地进行"艰苦奋斗"的说教，必定大倒胃口。这位领导巧用置换，出口不凡："那我有什么办法？它们在我的地盘上，不在我的编制里！"一句话引得食堂里的人大笑起来。

这句谐趣的语言充满了乐观主义精神，就因为利用了另一个场合的词汇——"编制"，借用人事干部正式场合谈工作的语言，而使之艺术化。

●声东击西法

声东击西，就是为了达到某种目的，不直接从这个目的的正面去说，而从相反的方面入手，实则其目的是正面要达到的目的。东与西，本是截然相反的，但又是互相联系的。任何一个事物的存在，都会对它周围的事物产生影响。所以，使用声东击西法时要特别注意事物之间的联系性。

据《晏子春秋》记载，齐景公爱打猎，一次烛邹不慎让一只鹰逃走了，齐景公欲斩烛邹。晏子为救烛邹，拜见齐景公说："他有三大罪状，怎能轻易杀掉呢？让我列出来后再杀他吧。"于是晏子又对齐景公说："他为大王养鸟，却让鸟逃走了，此一罪；他使大王为了鸟而杀人，此二罪；把他杀了，天下人都怪大王重鸟轻士，此三罪。"齐景公听后，只好赦免了烛邹。

这里晏子既避免了为烛邹说情之嫌，又真正救了烛邹；既指出齐景公的错误，又没有伤害齐景公的面子。同样，我们在与上级或下级的语言交际中，也要考虑到对方的自尊心理，把原则性与灵活性巧妙地结合起来。

第二章 CHAPTER TWO

主持会议张嘴就来

☼ 主持会议应遵循的发言宗旨

在具体主持会议时，不可能也没有必要对每一个会议中的主持者该做什么、该说什么都提供一个现成的答案，这些只能靠会议主持者灵活把握和运用。但是，这不等于说没有规律可循。有一些基本宗旨是我们在主持会议时必须遵守的。

●会议主持者的素质与修养

会议能否成功，与会议主持者的素质和修养关系甚大。因此，会议主持者要注意以下几个方面。

1. 切忌一言堂

在主持有关思想观念的会议的时候，主持者的主持艺术表现在：切忌一言堂，要发扬民主，提倡百家争鸣，能将其中的精华吸收到自己的总结中来。千万不要在与会者发表了 10 条意见之后，主持者再发表排斥这 10 条意见的第 11 条意见，这样下去，久而久之，参加会议的人就少了，会议的气氛也必然低沉。这对会议主持者来说，是种很大的危险。

2. 注意发挥他人的个性

上司最容易犯的毛病，就是在会议上强行通过自己的意见，他总是不切实际地希望下属与自己有着同样的个性、看法和想法。这在客观上是根本办不到的。上司不仅应当承认还必须尊重他人的个性，并善于设法利用他人的个性去争取工作的成功。

3. 加强引导，批评要有建设性

既然会议是一个群体在进行讨论，总难免发生某些冲突，有时甚至进行人身攻击。在这种情况下，会议主持者往往不得不对某个人或某些人进行批评。但是批评时应当竭力避免同他们发生冲突，如果会议主持者与他们发生直接冲突，会议就会陷入僵局。在批评之前，主持者最好先对他们进行一番鼓励和夸奖，使他们成为你的朋友，然后再良言苦口，并且应当在批评中带有建设性，使被批评者真正明白其道理。

4. 声音要洪亮，举止要适当

会议主持者洪亮的声音，会立即反映出他的朝气、信心和魄力，有一种无形的感染力，此外，还应当注意举止要适当，比如，不必过分地指手画脚，不应咬着烟斗讲话；动作也要注意，如不能不时地推推眼镜，把眼镜拿下来擦一擦，玩一玩手上的铅笔，搔搔头，抖抖腿，等等。这些事情虽然很小，却会分散与会者的精力，影响你的威信。

5. 会议的时间不可太长

生理学家研究表明，参加开会和讨论时，人的脑力最佳状态只能保持 40 ~ 45 分钟，人在生理上产生疲劳感的界限是 1 小时。超过这个界限，与会者的注意力就会下降，会场上就会出现窃窃私语和轻微的骚动。在这种情况下，主持者如果坚持继续开会，多数发言者就只能重复别人的发言，而显现不出创见。生理学家们给这种状态专门取了个名称，叫作"反面活动阶段"。在这个阶段，主持者会很难驾驭与会者，这一阶段通过的决议，容易带上"激进"的色彩。如果会议开得过长，许多与会者一心想快点散会，将会对通过的决议采取无所谓的态度。因此，最紧凑、最有效的会议，一般不应超过 1 小时。多数与会者需要 30 ~ 40 分钟才能恢复良好的自我感觉，这样才能保持良好的会议效果。

6. 要避免炫耀自己的业绩

上司在会上吹嘘自己的业绩，想以此抬高自己的威望，其结果必然适得其反。一般情况下，与会者对他所欣赏的人的心理状态是，希望从上司的谈吐中，得到如何把工作搞好的启发，而不是想听他过去的"丰功伟绩"。

●言之有度，掌握时机和分寸

开会时往往有这种情况：有时大家意见比较集中，而会议主持者却不能及时总结，提醒大家转入另一项议题，便出现了冷场，拖延了时间；在征求大家意见时，有的人一声不吭，有的人翻来覆去，谈不到点子上，越扯越远；有时人们争论不休，互不服气……

会议上发生了冷场、争论、跑题等情况怎么办？这就要求会议主持者能够细致了解会议进程，掌握与会人员的心理，恰到好处地、适时地对会议进行引导。意见基本一致时，立即终止；意见大同小异时，允许求同存异，及时终止；很难一致时，下次再议；对于离题太远的发言，会议主持者可寻找时机予以引导、提醒，拉回到正题。为了不分散大家的精力，不浪费大家的时间，不冲击会议的中心议题，主持者必须十分注意掌握讲话的时机和火候。

除此之外，会议主持者还要注意掌握说话的分量和分寸。这也是"度"的一种要求。

语言的分量是由词义和态度两个主要因素构成的。词义是指语言的本义，态度是指表达时所持的表情和情绪。比如，上司在主持会议时，要批评下级人员的工作差错或较大的失误，这里就有个分量问题。如果是个别的、一般性的差错，而批评的分量过重，未免有小题大做之嫌，被批评者不服气，大家也不满意。如果是较大失误，而批评分量过轻，既达不到教育当事人的目的，又给大家一种袒护当事人、文过饰非之感，不能使人闻者足戒。当然，不做具体分析，以理服人，而是无限上纲、乱批一通，也不会有好效果。因此，根据问题的性质、程度，在讲话的时候，就有一个轻重之间怎样才算适宜的分寸问题。

分寸是衡量语言分量的尺度。而要把握好分寸，一是注意词义上的细微差别，尤其是同义词、近义词之间的细微差别，二是注意态度和语调的区别，这种分寸也是会影响到语言分量的。我们的目的是，既要弄清问题，又要教育下属。指出问题的严重性，进行严肃的批评，不一定非要大嗓门、声色俱厉不可。语言尖刻、态度粗暴，甚至出口伤人，以挖苦、讽刺、嘲笑他人为乐事，必定会造成对方的反感和抵触，不利于问题的解决，也不利于团结。

●善于调动大家的情绪

上司主持会议，当然希望吸引听众，调动听众的积极性，使他们更多地接受会议精神。因此，针对不同的会议，把下属的情绪调动起来，刺激下属的兴奋点和吸引其注意力，就是上司在主持会议过程中充分发挥语言艺术的一个重要课题。

大家都知道，会议有不同的类型，有不同的要求，作为会议主持者就要因会制宜、区别对待，在语言的运用上赋予不同的感情色彩。譬如在庄严的会议上，语言则应注意严肃性、规范性；在欢庆会上，语言则应热烈喜庆；在工作部署会上，语言应清晰、准确、明快；在动员会、誓师会上，语言就必须富有鼓动性，以提高人们的决心与信心、干劲和勇气。不同的语言，应与不同的会议及不同的气氛相协调、相配合、相一致。

在会议上，调动下属情绪，要靠真情实感来产生共鸣，不能大喊大叫、捶胸顿足，不能巧言令色、甜言蜜语，也不能低眉顺眼、博取同情。要用真实的语言、真实的感情，还要靠对下属的信任、理解和尊重。

●声音响亮有力，语调富有变化

主持者主持会议时，要让每一位与会者听到你的声音，这是最基本的要求。规模大一点的会议，则可借助麦克风、喇叭等工具。说话应该有力度，声音洪亮、吐字清楚，节奏适当，声音中表现出自信、向上的力量，而不能有气无力，或者平铺直叙、缺乏活力。会议主持者通过语调的变化，表达出各种思想观点和思想情感，同与会者产生思想情感上的共鸣，使自己的讲话有较强的感染力、震撼力。庄重、严肃的会议，要求语调平缓、凝重；欢快、轻松的会议，要求语调轻快、流畅。

● **有头有尾，善于总结**

会议既然有开头，也就应该有结尾。会议在行将结束之前，一般说来，会议主持者应进行简明扼要的总结、归纳，将有关信息、讨论情况、所达成的共识，进行概括性的说明。同时，对会后的具体要求、需要落实的工作，加以部署强调。总结应力求客观、符合实际，切不可言过其实，以致形成不解决实际问题的会风。对会议的总结，在看到成绩的同时，也要及时、适度地指出存在的问题及今后需要努力的方面。会议的总结，往往能起到提醒、强化信息的积极作用。

成功主持会议应该掌握的语言技巧

会议既是与会者互通信息、协调关系的场所，又是上司部署工作、展示决策意图的手段，也是发动大家、鼓舞士气、调动大家积极性的方法。会议的效果与诸多因素有关，但就主持会议的人而言，其语言表达的技能是至关重要的。

●开场精彩

会议的开场白要陈述的内容，包括会议的主题、目的、意义、议程和开法，其语言要简明扼要、条理清晰，语调与表情都要与会议气氛一致。

一个好的开场，有利于吸引与会者的注意力，增强他们对该会议的兴趣。好的开场白有三条：一是直入点题，提纲挈领、要言不烦地把会议的内容主题讲明白；二是借题发挥，调动全场情绪，使与会者亢奋起来，营造适宜会议进行的气氛；三是出口成章，富于启示性和引导性，带领全场人员迅速进入会议氛围。要尽力避免那种陈旧死板、千篇一律的形式。如："现在开会了，请×××同志作报告，大家欢迎……""××晚会现在开始，第一个节目……"要根据会议的实际，或说内容，或道特点，或提要求，或谈历史上的今天，或讲别处的此时此刻，总之因"境"制宜，灵活设计。另外还要尽量来点幽默话语，让听众发出会心的微笑。

●用好连接语

主持一个会议，一般都要在中间搭桥接榫、过渡照应，把整个会议连缀成一个有机的整体。这个连接过程也是会议主持者发挥自身机智和口才的过程，它将显示主持者的组织能力和概括能力。

有人主持"我是一名共产主义战士"的演讲，其中第一位讲了《人与共产党人》，第二位讲了《要有艰苦奋斗的创业精神》。他在这两篇演讲之间说："共产党人是人，但又不等于一般的人，共产党人要无私无畏，要经得起风吹浪打，这就离不开艰苦奋斗。下面请听××同志演讲。"短短几句话，使两篇演讲连接无痕，毫无造作之感。

主持人所用连接语不外乎承上启下：肯定前面的，画龙点睛；引出后面的，渲染蓄势。两者都很重要，应更重视后者。但在会议主持中，用还是不用，话长还是话短，应看具体情况。若需用连接语，既可顺带，也可反推；可以借言，也可直说；可以设疑，也可问答。总之，不要弄成"主持八股"，应以别开生面、恰到好处为原则。

● **巧妙打破沉默**

在主持会议的过程中，主持人经常会遇到无人发言或某一部分人毫无反应的现象。这种沉默的现象不利于会议的充分展开，不利于实现预期的目的。造成会议上人们沉默的原因多种多样。原因不同，对策也就不同。下面是一些针对与会者不同沉默原因而采取的相应措施。

1. **胆小害羞型**

这类人往往年轻、社会见识少，参加会议的经历也不多，多半不习惯或害怕在人数众多的场合发表自己的观点。会议主持人要主动鼓励他们发言，可以进行主动提问，并告诉他们说错也没有关系。而当他们在发言时，主持人应表现出对其发言的兴趣，同时也要对他们发言中合理的方面加以肯定。

2. **人单势薄型**

这类人往往与大多数人有着不同的看法，害怕说出自己的看法后遭人嘲笑而保持沉默。这类人的思路往往与众不同，主持人要善于主动接近，鼓励他们畅所欲言，敢于发表自己不同的看法，力求创造出宽松、自由的会场气氛。

3. **清高闭守型**

这类与会者往往有一套自己的见解，他们阅历较深，处世比较严谨，一方面想表现自己，另一方面又摆出一副清高不凡的架子，而且其中有些人抱有言多必失的顾虑。主持人对待这类人，要善于点拨，多给他们一些表现机会和尊重。

4. 事不关己型

这类与会者往往对会议缺乏热情、兴趣，不愿过多投入，认为议题与自己无关或认为不重要，讨论、决议是会议主持者自己的事情。对于这类人，主持人应积极创造民主、活泼的会议气氛，去感染带动这些人参与，或主动与他们接近，征询他们对问题的看法，久而久之，也就能改变他们这种不配合的态度。

5. 敌对情绪型

这类与会者要么反对议题，要么对主持人有意见。主持人应不计较个人恩怨，对他们友好团结，可向他们采取主动发问的方式，并对他们的发言持重视的态度。

6. 议题不明型

有时候，当与会者对议题不明白、不理解而表现出沉默时，主持人应再作陈述、改变阐述的角度，也可以采取打比方、举例子的方式，让与会者明白和理解。

7. 羞于开头型

有时候，与会者不善于第一个发言而出现冷场。这时主持人可用幽默风趣的话语打开与会者的话题，也可让性格外向、胆子较大的人先开口发言，进而带动大家发言的积极性。对于比较庄重严肃的会议，在需要讨论时，主持人也可适当调节与会者的紧张情绪。如果是对一些不良行为、不正确的言论进行议论，涉及某些人的具体利益，主持人应带头发言，做出明确的表态，为他人发言做好铺垫。

●防止会议离题

在会议活动中，常会出现一些发言者不着边际、没完没了的发言。对于这种情况，主持人出于对发言者的尊重，一般不应当面直说，而应寻找机会做出巧妙的暗示。如就他发言中提出的某个问题或某一句话，因势利导，并对他的发言进行一定的肯定。对一些与议题关系不密切的问题，主持人可以通过表示留到以后有时间再进行讨论而加以委婉的中止，并有意识地重新强调会议的议题。

有些会议，需要与会者事先准备，查阅相关的材料，列出发言的大致纲要来。

美国一家公司的经理曾采取这样的对策来防止出现偏题发言。这位经理创造了一种他自己称为"打腹稿"的会议主持技巧：在会议提出一个重大问题或主要问题之后，随即他便要求与会者进行沉默思考，会议室处于安静之中，然后到一定时间大家才开始发言。

● 制止无谓争辩

在对某个问题进行讨论时，由于与会者的学识、素养、阅历、社会经验不同，看问题的角度也就不同，因而解决问题的方案也不同。与会者往往会各持己见，据理力争。这是会议深入讨论的表现，是好现象。但在观点已经趋向集中、明确时，主持人就应及时终止争辩。如果争辩双方都已偏离议题，主持人就应伺机加以阻止，或说时间有限，暂不深入讨论或先谈到这里而加以间接制止。在遇到较为激烈的争辩时，主持人要随时注意有的争辩者会感情用事，进行影射、讥讽、旧事重提，在这时会议主持人应及时正面加以提醒、规劝，以免矛盾激化，引起争吵、冲突。如果已经发生争吵，主持者应从会议的组织性、纪律性出发，直接加以制止；对恶语伤人者，必要时进行严肃的批评，以平衡与会者的公正心理。

● 控制会议进程

会议进程控制是一项重要的管理艺术，它需要依照会议规则进行，同时又要根据不断变化的情况，灵活采用各种措施和方法，有针对性地调整各种关系，解决各种随机性问题。为此，它又需要从事控制活动的人，特别是会议主持人掌握一定的控制技巧。这些技巧大体包括以下几种方法。

（1）会议召开之前，主持人需认真研读有关文件材料，了解议题和议程，了解与会者的构成情况及基本意见倾向。

（2）主持人必须严格守时，明确会议开始和结束的时间，准时开会和散会。

（3）主持人在会议期间应避免同其他与会者发生争论，不能在决议形成之前发表倾向于某一方面的意见，更不能强迫他人接受自己的看法。不要炫耀自己，不要以与众不同的姿态和语调讲话，忌各种语病。批评要有建设性，应尽力避免同其他与会者产生直接冲突。

（4）在组织讨论时，应规定讨论与不讨论的界限，给每位与会者以平等的发言机会和权利。应善于及时纠正脱离议题的发言倾向，并注意其方式，不能因此而挫伤与会者的发言积极性。

（5）应善于对各种发言进行比较、鉴别和综合分析，正确集中大家的意见。用简明的语言说明讨论的要点和有关发言人发言的要点。

（6）当时机成熟时，应适时终止讨论或辩论，及时确认结论形成决议，一个议题结束后应立即转换议题，以免延误时间或节外生枝。

（7）多议题会议的议题安排次序应科学合理，一般情况下，需要大家开动脑筋、集中献计献策的议题应放在会议前半部分时间进行。

（8）会议较长时，应安排短暂的休息并掌握好时机。休息不要安排在发言高潮，特别是某一问题或其中一个方面的讨论尚未结束时。

（9）应采取各种方法和措施，避免或减少与会者中途退席，特别是其中的主要人物应力争不出现中途退席现象。

（10）除非必要，一般不宜随意变更议程。

（11）主持者应声音洪亮、举止得体，有一定感染力，忌多余的动作（玩文具、搔头、抖腿等），忌语无伦次、缺乏自信。

（12）当会场出现混乱时，应保持镇静，及时采取措施结束混乱状态。

（13）注意创造与会议性质相适应的会议气氛，科学安排会议中的高潮与低潮，及时分发会议文件材料，监督工作人员及时认真地做好会议记录。

●引导会议讨论

主持人在引导会议讨论时应有较高的认识水平以及良好的思维能力。在会议上，要善于提问、积极引导，能够从不同角度、不同层面上发现问题和提出问题，进行辩证式思维、逆向思维、发散性思维，对问题的看法不仅能从质上去认识，而且还能从量上进行分析、界定。引导会议讨论的方法较多是采用发问的方式，另外，如有必要可以进行分组讨论，每组指定一名小组长，到时集中小组的意见，由代表们代表小组进行发言。

美国管理学家卡尔森认为，主持会议讨论的技巧主要有以下几点。

（1）为议事活动选择好恰当的题目，使与会者对要讨论的题目发生兴趣，有在众人面前表现自己的意见和观点的欲望。

（2）布置好开会的场所，使每一个前来参加会议的人感到自在，不致因环境和座位不舒服而分散精力或产生焦躁情绪。

（3）作为会议主持人的职责是推动会议的讨论，但要避免亲自解答与会者的问题，以便所有参加讨论的人都能积极思考并参与。

（4）使大家的注意力集中在有价值的议题上，引导会议在尽可能短的时间内达到最终的一致意见，但又不使参加会议的人感到会议主持人是在强迫他们。

（5）掌握和安排好时间，限定每次发言的时间，掌握好会议讨论的范围，随时警惕有人随意说出的一两句话将议题拉出会议讨论的范围。

（6）为会议做出全面的总结、记录或报告，并贯彻执行，保证会议所确定的事项得以实现。

●灵活驾驭，提高会议效果

主持一个会议，重要的是引导与会者充分发表意见，积极参加讨论。怎样使与会者愿意说话，并且说得透彻、畅达？怎样提高会议效果？这就需要主持人灵活驾驭。

1. 指名法

主持人讲完开场白，让大家发言。开始时容易出现冷场，主持人可适当指名："老张，您对这个问题很有研究，今天一定有好主意，先讲讲吧！""老王，您大概早就考虑好发言内容了，大家就等着听您的高见哩！怎么样？您带个头吧！"万事开头难，有人带了头，下面就会有人跟着讲。

2. 激将法

好马也要扬鞭，强将还需激励。主持人有时要用反面的话"刺激"一些人，促使他们及时发言。例如，可以说："老黄，您今天一言不发，看来是想'金杯漱口'了！"旁边很可能有人接口："老黄向来能说会道，今天怎么会甘拜下风呢？"这样一激，老黄还能不发言吗？

3. 点拨法

当人们对某个问题还似懂非懂时，常常难以发表看法。此时，主持人应抓住关键，适当点拨，与会者便会茅塞顿开、话如泉涌了。例如，可以说："这个问题正面一时看不清，假如反过来看呢？从它究竟有多少弊端的角度看，是否应下决心解决呢？"

4. 复述法

某人的发言十分精辟，主持人对此也有同感。为引导大家顺此深入讨论，可复述他发言的要点。如："老郑认为，我校提高教学质量的关键，不在于严格考勤、考试上，而在于联系实际改进教学方法，说得很有道理。大家对此讨论一下吧！"老郑听了非常高兴，大家讨论也有了方向，会议就会深入一步。

5. 比较法

讨论会进行到一半，几种意见已经摆出，主持人便可简要归纳，引导大家从比较中判定优劣，从而顺理成章形成结论。例如，可以说："对第四季度的工作安排，现在有三种方案：一是…… 二是…… 三是…… 大家可以比较一下，选定一种最佳方案。"

6. 收束法

讨论会上，有时可能出现离题现象，一些人天南海北，把话题越扯越远。此时，主持人要及时收束，使其回到本题。运用收束法时，应注意不挫伤发言者的积极性。主持人要十分自然地收束圆场。例如，可以说："老陈等同志说到的问题，确实是存在的，他们的看法也很有价值，今后可专门为此开讨论会。不过，今天的中心议题是如何制定超产奖金的发放规定，大家应集中对这个问题思考议论一番。"

7. 谐趣法

会上大家争论过于激烈，发言者嗓音越来越大，调门越来越高时，主持人要用幽默的语言、诙谐风趣的插话，及时为之"降温"，使双方都冷静地分析对方的意见，达到求同存异。例如，可以说："大家别激动！听说高分贝的声音会把耳鼓膜震破，为了不让我们都变成聋子，我建议大家发言时把嗓音降低 20 分贝好吗？"几句话引得哄堂大笑，会场上的气氛也得到了调节。

8. 过渡法

用适当的连接词，把会议的一项内容过渡到另一项内容。例如可以说："既然大家都认为搞联营是使我厂发展壮大的必由之路，那么，和哪些地区、哪些单位搞联营呢？请大家提供一些确切的信息。"这样承上启下的过渡，也能把讨论的内容引向深入。

9. 劝说法

讨论会上，有人针对不同意见者言辞尖刻，刺伤了他人；有人则发言过多，垄断了会场。此时，主持人要以委婉的言辞，进行适当的劝说。如："小李的发言也是一己之见，从正面理解，有其合理的部分，不应过多指责。再说，言者无罪！人人都可以讲话嘛！""讨论会要各抒己见，让大家都发言，小蔡说了好几次了，算是一家之言。到会一二十人，就是一二十家，最好是百家争鸣。还有十多家没发言，请你们都说说吧！"

主持会议的讲话误区

有些人在具体主持会议时，都会自觉不自觉地进入某些误区。要想成功地主持一次会议也并非易事，因为会议的种类与情况各不相同，每一次会议的开头和结尾、会议的气氛等都各不相同。所以，我们在主持会议时，千万注意不要被某种思维及观点引向误区，结果造成所主持的会议归于失败。

●开头、结尾无力

一篇好的文章，一定有个好的开头和结尾。自古以来，人们写文章都十分讲求开头和结尾，追求"龙头凤尾"。主持会议其实是一篇口头文章，也应该在开头和结尾上下一番功夫。因为好的开头可以先声夺人，给人以深刻印象，吸引人们继续听下去；而好的结尾，可以让听众回味无穷。大多数人在主持会议时，都不太注重开头和结尾。会议开始，三言两语，意不明，言已尽，给人以茫然之感，使与会者不明白会议的议题，失去对会议的兴趣，就像看一些较差的文章一样，看了第一句就没有兴趣继续读下去。而一个好的会议结尾能对本场会议有促进作用，甚至能将其升华，推向高潮。

●照本宣科

在会议上，会议主持人和与会人员同处在一个小环境之中，因此在语言上不能呆板拘谨，否则将影响会议气氛，不但不利于沟通与会人员的思想，而且也与会场气氛不大协调，不利于会议的顺利进行。

有些上级在会议之前由自己的秘书写好稿子，会上拿着讲稿一字一句地读，照本宣科，就显得机械呆板。上级应尽量把讲稿上的内容变成自己的语言，即使庄重会议的重要报告，虽不宜擅自离稿、穿插、解释，也应带有丰富的感情色彩，读得有轻重缓急、抑扬顿挫，给人以鲜明、生动的感觉，而不至于使与会者听得味同嚼蜡、昏昏欲睡，看起来更像在念教科书，而不是在讲话。当然，在许多场合下必须照本宣科，比如庄重严肃的会议主题的发言、有法律效力的条文等。

●大喊大叫

有些人主持会议时不太重视语言艺术，或者是机械地说教，或者是以势压人，总想把自己的观点强加给别人。这两种方法均来自同一个错误：讲话者对听众不重视，领导权威意识太浓。请记住，你的任务是引导而不是强迫。

其实，只要词语、技巧运用得当，完全不需大喊大叫就可以引导听众按你的意思做出决议，如果发现与会者的注意力有所分散，不必提高声音，相反有时候把声音压低更能吸引他们的注意力，运用巧妙的语言艺术，比任何方法都能更有效地吸引听众。

●呆板呆滞

会议主持者运用无声的语言艺术和与会者建立起融洽的关系往往至关重要。这无声的语言主要是指讲话人的表情和姿势，它们是会议讲话的重要组成部分。面对听众，讲话者传递给听众的不仅是话语，其脸上的表情、身体的姿势、手势也无不影响着听众。

懂得讲话艺术的人是善于以姿势辅助讲话的。将有深刻内容、有感染力的话语、丰富而得体的表情、灵活而适当的姿势融为一体，不但能给听众以思想上的启发，还能给听众以审美的享受。同时，表情和姿态还有助于语气的表达。平时，我们在激昂时，常伴之以比较大的手势；在急切地呼唤时，常伴之以头部的动作。因此，当我们用声音再现这些情境时，如果身体直挺呆板地没有相应的动作，就会让人觉得别扭，发音也会受到影响。所以讲话者的表情和姿势，是随着讲话内容的变化而变化的，它们可以反映讲话者思想感情的发展变化，能够帮助听众理解并跟上讲话者的思路，也有利于沟通讲话人和听众的思想感情。如在上司布置工作时要表现出沉着、冷静、坚定的神态；在庆祝胜利的大会上讲话，要表现出喜悦而自豪的情绪；在追悼会上致悼词时，要表现出悲痛；在致欢迎词时要表现出热情；等等。只有这样，才能感染听众，使讲话人与听众处于融洽的气氛中。

第三章 CHAPTER THREE
即兴问答张嘴就来

在工作中如何主动提问

　　在工作中，我们主动提问的目的，在于引出话题，以便于相互交流、获取信息，还可以改变自己木讷的形象。能否以恰当的方式提问，是能否得到完美答复的关键。因此，在提问时应注意下列几个方面。

　　●给人以真诚、谦和的印象

　　我们在发言时要给人以真诚、谦和及值得信任的印象，形成坦诚、信赖的心理感应，从而与答问者之间产生平和、从容的感受，以达到预期目的。而和盘提问式、审查式和连珠式提问就显得不太礼貌，使答问者产生抵触心理，不利于交流。例如："你对这个问题是怎么看的？"这样的提问是缺乏感情色彩的例行公事的发问，不一定会得到对方的真实想法。如换成："对于这个问题，我想听听你的看法。"这样的提问显得真诚、谦和，对方是乐于回答的。

　　●提问时语言表述应得体

　　如问："这红肠变质了吗？"营业员一定会满脸不快。如改变问法："请问这红肠是什么时候到货的？"营业员一定会热情地告诉你："是刚到货的，你看生产日期在这儿。"此外，提问时自己应有角色意识，应看清场合、分清对象、适应对方心理。所谓角色意识，就是提问者按照语言群体所规定的言语行为模式来支配自己的言语行为。自己是什么样的社会角色，就表现什么角色的言语行为，提问应合乎自己的角色规范。曾有一位中学生问语文界泰斗叶圣陶先生："请问您今年几岁了？"这种提问虽用了礼貌词语，但很不得体，因为不符合一个中学生问叶老的角色，而像大人问小孩子。

●切忌强加于人或不留余地

例如："你凭什么提出这样的方案？""各位还有什么高见？"

第一句带有很强的压制性，对方不知自己的方案是对还是错，于是不知怎样回答才好。第二句表面上是谦虚的提问，但谁敢回答呢？谁敢肯定自己的见解就高人一筹呢？在提问语言艺术中，先将疑问的内容变为陈述句式来表达，然后在陈述句之后附以一些疑问语缀，效果会好得多。请看下面的例子。

甲："你们需要卡车？我们有。"

乙："吨位多少？"

甲："四吨。"

乙："我们要两吨的。"

甲："四吨的有什么不好？万一货物太多不是很适用吗？"

乙："我们也要算经济账啊！这样吧，以后如果需要，我们再通知你……"

看来这样的交谈失败了。如改变提问的方式再试一试。

甲："你们的运货每次平均重量是多少？"

乙："很难说，大致是两吨吧。"

甲："有时候多，有时候少，对吧？"

乙："对。"

甲："究竟需要哪种型号的卡车，一方面要看你运的什么货，另一方面要看在什么路上行驶，你说对吗？"

乙："对，不过……"

甲："假如你在丘陵地区行驶，而且你那里冬季较长，这时汽车的机器和车身所承受的压力是不是比正常情况下要大一些？"

乙："是的。"

甲："你冬天出车的次数比夏天多吧？"

乙："多得多，我们夏天生意不兴隆。"

甲："有时货物太多，又在冬季的丘陵地区行驶，汽车是否经常处于超负荷状态？"

乙："对，那是事实。"

甲："你在决定所购车的型号时，是否留有余地？"

乙："你的意思是？"

甲："从长远的角度看，是什么原因决定买一辆车值不值呢？"

乙："当然要看它的使用寿命了。"

甲："一辆车总是满负荷，另一辆车从不过载，你觉得哪一辆寿命长些？"

乙："当然是马力大、载量多的那一辆了。"

最后乙方决定多出 3500 元买一辆四吨的卡车。

对于提问，美国明尼苏达大学拉尔夫·尼科尔斯博士制定了一套要点，归纳如下。

（1）忌提明知对方不能或不愿做出回答的问题。

（2）用对方较适应的"交际传媒"提问，切不可故作高深、卖弄学识。

（3）适当运用默语。一开始提问，不要限定对方的回答，不要随意搅扰对方的思绪。

（4）力避你的发问或问题引起对方"对抗性的选择"。他要么避而不答，要么拂袖而去。

回答问题的原则性与灵活性

在工作和生活中，以对话形式进行信息交流，应答者做出积极或消极、肯定或否定的回答，对树立自己和组织的形象至关重要。因此，应答者应反应敏捷、成熟干练、机智幽默，把原则性与灵活性有机地结合在一起。

●以错对答

1982 年，作家蒋子龙访美时，美国诗人艾伦·金斯伯格问他："把一只五斤重的鸡装进一个只能装一斤水的瓶子里，您用什么办法把它拿出来？"

蒋子龙沉思片刻，从容答道："你怎么放进去，我就怎么拿出来。您显然是凭嘴一说就把鸡装进了瓶子，那么我就用语言这个工具再把鸡拿出来。"

在座的作家们不由得发出会心的微笑。

聪明的应答者应该善于从对方的问话中寻找出破绽以及相应的对策。这不仅可以帮助你尽快地回答，而且容易在气势上压倒对方。在这个例子中蒋子龙从对方身上找到了"捷径"，以"不可能"的事回答"不可能"的事。他不去讨论到底怎么办，不认死理，反而避开了误入歧途的可能性，圆满地回答了问题，这是明智之举。

● "草率" 回答

美国著名法学教授席格尔在讲授法庭程序时说："当你为一个案例辩护时，如果你掌握了对你有利的事实，就抓住这些事实去打击对方；如果你掌握了对你有利的法律，那就抓住法律去打击对方。"这时，一个学生突然问："如果既没有掌握对自己有利的事实，又没有这样的法律呢？"

席格尔"草率"地说："在那种情况下你就打桌子吧！"

这是一句急智之言。席格尔以幽默之言来应付突然出现的困境，不仅保住了颜面，而且也是在暗示他的学生：当遇到急迫而棘手的问题时，就应随机应变，方能使自己立于不败之地。

● 委婉回答

在纽约国际笔会第四十八届年会上，有人问中国代表、作家陆文夫："陆先生，您对性文学怎么看？"陆文夫说："西方朋友接受一盒礼品时，往往当着别人的面就打开来看。而中国人恰恰相反，一般都要等客人离开以后才打开盒子。"

中西方文化的差异迫使中国人总是在"性"字上面踌躇不决。面对那些直露的提问，既要考虑场合及维护民族文化尊严，又要礼貌作答，这就有个得体的问题。答者以借喻的形式，解决了这个敏感棘手的难题，同时也借这个题目婉转地表明了自己的观点 —— 中西方不同的文化差异也体现在文学作品的民族性上，应当受到尊重。其实这种答复是委婉的拒绝，只不过是为了不使交谈停止罢了。

● 搪塞回答

从语言信息角度看，搪塞多属于消极的语言现象，但面对某些具体环境，巧妙地运用搪塞性语言，也可取得积极的语言效果。

相传乾隆皇帝私访江南，曾给一个正在办喜事的农户出了一道难题：送去三枚铜钱和一副对联的上联。上联是："三个铜钱贺喜，嫌少勿收，收则爱财。"这个难题却被一位神童所解："两间茅屋待客，怕穷莫来，来则好吃。"

神童之神就是把农户无法解决的困难推给了送联人，真可谓以其人之道，还治其人之身。有时面对难堪的问题你不便回答，可用不着边际的夸张来搪塞。

诗人席慕蓉与刘海北订婚时，因当时买不起昂贵的金戒指，只好买了两只便宜的银色合金戒指。订婚仪式上，有位阔女人提出要看席慕蓉的戒指，当她伸出手来时，那位阔女人大叫一声："这是银的，不是金的吧？"席慕蓉面对这大煞风景、令人难堪的提问，幽默地答道："这不是银的，这是铁的！"在场的来宾一片笑声。

● 谐音回答

梅贻琦任清华大学校长的时间很长。而清华大学从 1911 年开办时起，已换了多任校长。有的只做了几个月，有的还没上任就被学生抵制掉了。

有人问梅贻琦："怎么你做了这么多年？"

"没有人愿意倒梅（霉）吧！"梅贻琦回答。

这个问题很难回答，一两句说不清，还容易引起麻烦乃至纠纷，并且让人说自己有傲气。巧的是这人问的恰是梅贻琦，提的问题又恰是换校长。善联想、反应快的梅贻琦便利用谐音造了个小幽默，作了个无效回答。

● "闪避式"回答

美国前总统里根在访问我国期间，曾去复旦大学与学生见面。有一位学生问里根："您在大学读书，是否期望有一天成为美国总统？"

里根显然没有预料到学生会提出这样的问题，但这位政治家颇能随机应变，他神态自若地答道："我学的是经济学，我也是个球迷，可是我毕业时，美国的大学生只有四分之三能就业，所以我只想先有个工作，于是当了体育新闻广播员，后来又在好莱坞当了演员，这是50年前的事了。但是我今天能当上美国总统，我认为是早先学的专业帮了我的忙，体育锻炼帮了我的忙，当然，一个演员的素质也帮了我的忙。"

里根这一段精彩的回答自有他独特的魅力，他采取"闪避式"的回答方式，避开了学生提出的问题不谈，从其他角度巧妙地回答了难以对答的发问。

我们在工作和生活中也会经常遇到类似的问题，对这样的语势"锋芒"，采取断然回避的消极方法肯定不行，"意在言外"可以说是一种较高的语言境界。这种语言表达方式表面上看是答非所问，实际上是以退为进。因此可以说"避锋"是为了"藏锋"，"藏锋"是为了更好地"露锋"，这样的语言自然会有较强的魅力。

● 曲解原意回答

1988年，美国第四十一届总统竞选，布什和杜卡基斯将进行最后一次电视辩论，胜败在此一举。杜卡基斯首先嘲笑布什不过是里根的影子，没有自己的政治主见，作为一个政治家，其自身政治标记不明显。当杜卡基斯嘲弄式地发问"布什在哪里"时，布什反驳："噢，布什在家里，同夫人芭芭拉在一起。这有什么错吗？"布什轻松的回答，一语双关。这一回答既表现了布什的道德品质，又讥讽了杜卡基斯的风流癖好，置杜卡基斯于极尴尬的境地。自此,在后来一系列的交锋中,杜卡基斯溃不成军,一败涂地。布什在最后时刻反败为胜,终于实现了入主白宫的愿望。

杜卡基斯是个强硬对手,他抓住了布什作为政治家的致命弱点。"布什在哪里"是指布什没有独立性和政治主见,是一种艺术化了的政治语言。所以一句"布什在哪里",把布什推向了危险边缘。但布什毕竟技高一筹,他把提问中关于政治上的原意故意进行具体的通俗化理解,答成"在家里",这是他反败为胜的关键。这一次布什抓到了杜卡基斯的痛处 —— 风流癖好,多少竞选者在这方面翻船。杜卡基斯无言以对,终成败势。成败居然是转瞬间的事,令人深思。

●荒诞回答

造谣中伤在美国总统竞选中是常有的事。约翰·亚当斯竞选总统时,有的共和党人就指控他曾派竞选伙伴平克尼将军到英国去挑选四个美女做情妇,两个给平克尼,两个留给他自己。约翰·亚当斯听了哈哈大笑,说道:"假如这是真的,那平克尼将军肯定是瞒过了我,全部独吞了!"

对这种庸俗无聊的造谣中伤,有时可以装听不见,置之不理。但若是已流传开来,有损于形象人格时,就不能不认真对待了。说认真对待,不一定非得"较真儿"。像亚当斯这样以荒诞诙谐的语言方式作答,也不失为一种有效的还击方法。

答记者问是高难度的发言

召开记者招待会、答记者问，是很多企事业单位人员的一种经常性工作。作为这些单位的工作人员，通过报社、电台、电视台、通讯社、杂志社等新闻传播机构回答和阐述大家所关心、所瞩目的重要问题及重大事件，已成为屡见不鲜的事情。由于答记者问往往是通过现场直播，它具有信息传播的直接性、广泛性和深刻性的特点，因此掌握答记者问的语言技巧，已成为这些人应具备的一种重要能力。

● 了解答记者问的语言特点

要准确、恰到好处地回答记者提问，首先要了解答记者问的语言特点。

1. 提问的主动性和答问的被动性

进行演讲，演讲者可以有足够的时间围绕演讲的主题进行思考和准备，然后根据写好的稿子或打好的腹稿侃侃而谈。但是答记者问则不同，这时记者是主动出击，答问者往往是被动回答。在许多情况下，我们要随着记者的意图和思路回答问题。答记者问是一问一答的形式，有些类似面试，但是二者也有显著的不同。面试的被动性更为明显。而答记者问则常常可以在回答时不知不觉地转为主动。有时，答记者问主要是答问者谈工作思路、谈个人观点，这时语言技巧运用得好，就能由被动性向主动性转变，使得答问更为自如。

2. 提问的广泛性和答问的灵活性

记者是各种信息最主要的发现者和传播者，为了发掘更有新闻价值的信息，记者的提问往往是非常广泛的。和其他讲话形式相比，演讲要有主题，谈话要有话题，但记者的提问则往往是漫无边际和纷繁多样的，从世界风云的变幻到工作现实情况，从生活态度到个人隐私，五花八门、千奇百怪的问题，都可能是记者提问的话题。在这种状态下，答问者经常是无法设防。为了出色地回答各种各样的问题，答问者要根据现实情况和个人风格，灵活地回答问题。

3. 提问的现场性和答问的权威性

答记者问的语言往往是现场提问和回答，特别是电视采访，更是具有很强的可视性和可知性。管理层的意见态度、决策过程、工作成效等问题都直接"暴露"在大庭广众之下。另外，回答记者提问的人员，一般都担任重要的职务或能代表一级组织讲话，他们的立场、观点、态度，也代表着一级组织或团体的"官方"立场、观点和态度，因而在整个问答中往往具有传递信息迅速、影响力大、威望度高的特点。答问者的答问甚至可以影响社会舆论，引导民意，对社会的经济等变化起到不容忽视的作用。这种权威性，通过记者的现场传递，使可信度增强。因此一次成功的答记者问，在增进答问者与大家的相互理解方面，以及提高部门和答问者威望方面都将起到作用。

4. 提问的突发性和答问的及时性

记者的提问往往是突然的，甚至带有跳跃性，一个问题与另一个问题之间可能毫无联系，这就使答问者有时刚刚招架完前拳，又要转过身去应付后脚。答记者问的现场性，不允许答问者有过多思考问题的时间，否则就会冷场。为了应付这突发性的提问，答问者的思维要像闪电般地反应，这就需要答问者练就迅速、恰到好处的语言能力，使得答问及时、准确。

●模糊回答

模糊回答，就是不触及问题的实质，而以一些模糊的概念或数字搪塞对方，使其无从知道自己的真实态度和真实情况。

有些尖锐问题指向的是具体的、确定的数字或时间，如实地回答会带来泄密之嫌，而故意说出一个错误的答案，又不是诚实人所为。鉴于这种让人左右为难的情况，不妨用一些模糊的数字或概念做"挡箭牌"，这些数字或概念在一定的语境下不能表达什么确切的含义，因而也就能够掩饰真实状况，把对方敷衍过去。

一次，基辛格在出访中到德黑兰做短暂停留。当天晚上，伊朗首相胡韦达邀请基辛格观看舞女帕莎的表演，基辛格看得很专心，而且当帕莎表演结束后，他还与她闲侃了一阵。第二天，一名记者多事地逗问他："你喜欢她吗？"基辛格听后很恼火，但他表面仍若无其事地回答那位记者："不错，她是一位美丽的姑娘，而且对外交事务有浓厚的兴趣。"那位记者很快就上套了："真的吗？"基辛格回答说："那还有假？我们一起讨论了限制战略武器会谈，我费些时间向她解释了怎样把 SS-7 型导弹改装成在潜艇上发射。"那位记者本想听一些绯闻，没想到基辛格利用模糊语义应对，把他弄得索然无趣。

还有一例，1972 年 5 月，在维也纳一次记者招待会上，《纽约时报》记者马克斯·费兰克尔向基辛格提出美苏会谈的"程序性问题"："到时，你是打算点点滴滴地宣布呢，还是来个倾盆大雨，成批地发表协定呢？"从不放过任何机会讥讽《纽约时报》的基辛格回答说："我明白了，马克斯同他的报纸一样，多么公正啊，他要我们在倾盆大雨和点点滴滴之间任选一个。所以我们无论怎么办，总是坏透了。"他略停顿了一下，一字一板地说："我们打算点点滴滴地发表成批声明。"全场哄堂大笑。

基辛格并没有在记者圈定的范围内选择其一，因为这种场合不能指之太实。所以他的回答使用了让传统的形式逻辑观点和传统的语法观点都难以解释通的模糊语，把费兰克尔的两种选择巧妙地捏合在一起。在充满了戏谑的回答中，基辛格回绝了这个提问。处在被对手"封杀"的处境时，此是一招"败胜法"。

●顺水覆舟

古有顺水推舟的典故，其意带有送人情的意思。亦即既然已水到渠成，不如给对方送个好的人情，也可视为你助了人一把，让人惦记于心间。但到辩论场合，双方的观点属于你是我非或我是你非的争夺。那么，为什么辩论场合还有"顺水"之说呢？道理很简单，水可以载舟，也可以覆舟。对方的辩词也是一扁舟，推则载之，翻则覆之。倘若此舟是坏舟，越推越糟糕，倘若此舟是好舟，就要看你愿意推还是覆了。故此推行辩坛一术，为借敌之误，顺水覆舟。

辩论中所采用的顺水覆舟战术，作为舌战谋略，是抓住对方已有悖点的话茬儿顺接着说下去，对方在被你所"顺"的路上越滑越远，其误发展到不可收拾的时候，那船只需轻轻一踹，它就自然下沉了。

顺水覆舟战术是借敌之误而取胜的技巧之一。其主要特点有三：

其一是借他人之误为助己所用。言辞是先顺后反，倘若对手的错误已清晰明了，连反的必要都没有了。

其二是和对方不作正面抗衡，而是胸中有数地和对方迂回讨论辩题，待时机有把握时再出手，没把握时可以不出手。

其三是逆中仍不是逆，有一种"既然你说这样，那就这样，看你怎么办"的意味。仿佛是顺水人情，其实就是顺误找靶子。

当你的言辞由顺从对方的逻辑而突然出现逆转的瞬间，对方会从暗自欣喜到大惑不解，最终遭受当头一棒，晕头转向地陷入欲辩不能的尴尬境地，这就是你完成借敌之误、顺水覆舟的全过程。

一位资深的记者在采访刚果民主共和国前总统蒙博托时有过一段简短的对话。

记者："总统阁下，向您请教个问题该不会拒绝赐教吧？"

蒙博托："那就请便吧！"

记者："总统阁下，你很富有。据说你的财产达到30亿美元，是真的吗？"

蒙博托："一位比利时议员说我有60亿美元！你听到过吧？"

上例中，记者的提问，表面是问家庭经济情况，实际上是触及政府首脑是否廉洁的政治问题，这对蒙博托来说是要慎重回答的。这种回答难度极高，正面解释是难以说清的，置之不理则会让人误以为是默认。而蒙博托则运用顺水覆舟术，来个虚而掩之、掩而袭之，巧妙地用一个十分夸张的情况，顺着对方问话的主题来反问对方。这么一问，蒙博托不但不回答记者的刻薄提问，反倒掷出一个更难的问题难住了记者。由这段对话可以看出，蒙博托不愧为一国之首，其雄辩之功令记者自愧不如。

顺水覆舟战术巧在对对方攻势的利用，化对方之进攻力为我之力，大有"四两拨千斤"之功。运用顺水覆舟战术的关键在于处理好"顺"与"推"之间的转换关系，毕竟，推的极致，就是覆的结果。

● 曲解本意

抓住对方提问本身的弹性，曲解其提问的本意，做出表面上合乎要求的回答。

提问者的有些问题虽然针对性较强，但是问题的设置并不严密，往往只给出一个大致的范畴和限定，人们作答时完全可以在这个宽泛的范围中大做文章。对于这类问题，我们应该抓住其本身的灵活度，有意曲解对方的本意，只给出表面上的、听起来符合要求的回答。对方自己的漏洞被人钻了空子，自然无法埋怨我方答非所问。

在一次记者招待会上，外国记者别有用心地问王蒙："请问，20世纪50年代的你与80年代的你有何相同与不同？"这里，这位记者的用意是路人皆知的。王蒙当时也十分清楚。他不慌不忙地抬起头，从容不迫地回答道："20世纪50年代的我叫王蒙，80年代的我也叫王蒙，这是相同之处。不同的是，那时我20来岁，现在我则有50多岁了。"

这是一个抓住对方疏漏有意曲解对方用意的生动例子。记者的提问只给出了年代限定的范围，王蒙虽然知道对方是想借机让他谈一谈对中国国内形势改变的感受，但是却故意误解其本意，只是从自己年龄变化的角度作答。这个问题虽然回答了，但实际上没有真正给对方任何有用信息，令其大失所望。

●寓理于事

寓理于事，就是针对提问讲一个事例，让对方认同其中包含的道理，然后将此道理应用于对方的提问，使答案不言自明。

如果能将被动转为主动，让对方代替自己回答问题，可以说是应对提问的较高境界了。我们可以针对对方的提问，举出一个类似的事例，反请对方说出其中的道理，然后回到最初的问题上，说明对方的观点正是问题的答案。一个回合下来，对方这个"系铃人"在我方的诱导下不知不觉又成了"解铃人"，使我方得以轻松地摆脱困境。

罗斯福第四次连任美国总统时，许多记者都抢着采访他，请他谈谈连任四次的感想。一位年轻记者破例得到罗斯福总统的接待。罗斯福没有正面回答青年记者提出的问题，而是先请他吃一块蛋糕。

记者获此殊荣，十分高兴，他很快便把蛋糕吃下去了。接着，总统又请他吃了一块。当他刚要开口请总统谈谈时，总统又请他吃第三块蛋糕。青年记者受宠若惊，肚子虽饱了，但还是盛情难却，勉强吃了下去。

记者正在抹嘴之时，只见罗斯福总统微笑着对他说："请再吃一块吧！"

记者实在吃不下去了，便向总统申明。

罗斯福总统笑着对他说："不需要我再谈第四次连任的感想了吧？刚才您已经亲身体验到了。"

罗斯福没有直接告诉记者自己的感受，而是让他通过连吃四块蛋糕的感受，体验自己连任四次总统的感想，可谓高明至极。

●接茬引申

所谓接茬引申法，就是当对方提出的问题使你实在无法回避又难以做出正面解答时，不妨顺水推舟接着他的话茬儿往另外的方面引申，用引申之处的绝妙结果来回答对方的提问。接茬引申需要具备丰富的想象力和联想力，使间接回答的话语出乎对方的意料。所以，接茬引申法是岔题作答"空口道"的一种行之有效之法。请看丘吉尔是如何妙用接茬引申的：

20世纪30年代，丘吉尔访问美国时，有一位反对他的美国女议员咬牙切齿地对他说："如果我是您的妻子，我会在您的咖啡里下毒药的。"

丘吉尔狡黠地一笑，答道："如果我是您的丈夫，我会喝下那杯咖啡的。"

在第二次世界大战期间，丘吉尔多次发表演说，极力主张与苏联联合共同抵抗德国纳粹的侵略。一位记者问他为什么替斯大林讲好话，他说："假如希特勒侵犯地狱，我也会在下院为阎王讲话的。"

丘吉尔并不直接亮明自己的观点，而是用幽默含蓄的表达方式，把自己的观点寓于其中，让对方细细去品味。这种间接岔题作答，不但能恰到好处地回击对方不友好的态度，而且能使答话的语言充满情趣、魅力和耐人寻味的神秘色彩。

●现引现证

现引现证犹如现炒现卖，即为了证明自己的观点，就地取材，由此及彼，由表及里，使得自己的论据更充实、更充分，喻义也更深刻、更贴切。现引现证的"道具"通常是和对方有关系的。现引现证的最突出特点是语言直接、单刀直入，其攻击力足能使对方因猝不及防而落败。

卡特竞选美国总统时，一位酷爱找碴儿的女记者采访了他的母亲。

女记者："你儿子说如果说谎，大家就不要投他的票，你敢保证说卡特从未说过谎吗？"

卡特母亲："也许我儿子说过谎，但都是善意的、无邪的。"

女记者："何谓善意的说谎？"

卡特母亲："你记不记得，在几分钟之前，当你刚跨进我家的门时，我对你说你非常漂亮，见到你非常高兴？"

女记者立即败下阵来。原因很简单，那就是卡特母亲"以人喻理"，现引现证，既削弱了女记者咄咄逼人的架势，又维护了自己儿子的形象。

●否定假设

梅内德谟是古希腊诡辩学派麦加拉派的著名人物。有一次，一个人故意这样问他："你是否已经停止打你的父亲了？"

梅内德谟该如何回答呢？无论他回答"是"或"不是"，都会落入圈套。因为如果他说"是"，就等于承认他打过他父亲；如果说"不是"，又等于表示他还在打他的父亲。这真是进退两难。

但梅内德谟毕竟是个杰出的辩才。他略一思索，马上就意识到问题的症结所在，于是做出了这样的回答："我既没有停止，也没有打他。"

问话人见钻不到空子，只好悻悻地离去了。

这是诡辩术的典型事例。问话者使用的是狡诈提问的方法。这种以隐含某种假设为前提的问话，极具欺骗性和隐蔽性。它是根据排中律在互相矛盾的两个判断中，必须选择其一的规律，利用人们怕犯"两不可"逻辑错误的心理提出来的。但此举正中梅内德谟下怀，他选择了最正确的答案。即否定对方话中的假定，从而挫败了对方。答话体现了逻辑缜密性和语言艺术性。

第四章 CHAPTER FOUR
谈判和辩论张嘴就来

☼ 谈判的语言艺术

　　谈判者在谈判前都会做好各项准备工作，拟订计划目标，但是再好的谈判人才也要在谈判实践中实现自己的目的。谈判的胜败就取决于谈判者在谈判实践中运用的一系列策略。一般来讲，谈判中的策略是谈判艺术的综合，它必须将各个不同的方法、手段组合起来，使之成为己方在谈判过程中的有力武器。

●大智若愚策略
　　大智若愚策略即假托或利用自己对某些条件一无所知，来促使谈判朝着自己的既定目标发展。

　　曾经有三位日本人代表日本航空公司与美国的一家飞机制造公司谈判。日方作为买方，美方作为卖方。美国公司为抓住这次商业机会，挑选了最精明干练的高级职员组成谈判小组。谈判开始时，并没有像常规谈判那样双方交涉问题，而是美方开始了产品宣传攻势。他们在谈判室内张贴了许多挂图，还印制了许多宣传资料和图片。他们用了半小时，三台幻灯放映机，放映好莱坞式的公司介绍。他们这样做，一是要加强自己的谈判实力，另外则是想向三位日本代表进行一次精妙绝伦的产品介绍。在整个放映过程中，日方代表静静地坐在里面，全神贯注地观看。

　　放映结束后，美方高级主管得意地站起来，扭亮了电灯。此时，他的脸上挂着得意的笑容，笑容里充满了期望和必胜的信念。他转身对三位显得有些迟钝和麻木的日方代表说："请问，你们的看法如何？"不料一位日方代表却礼貌地微笑着说："我们看不懂。"这句话大大破坏了美方高级主管此时的心情，他的笑容随即消失，一股莫名之火似乎正往上顶。他又问："你说你们看不懂，这是什么意思？哪一点你们看不懂？"另一位日方代表还是有礼貌地微笑着回答："我们全都没弄懂。"美方高级主管又压了压火气，再问对方："从什么时候开始你们不懂？"第三位日方代表严肃认真地回答："从关掉电灯，开始产品介绍的时候起，我们就不懂了。"这时，美方高级主管感到了严重的挫败感。他灰心丧气地斜靠在墙上，松开他价值昂贵的领带，显得如此心灰意冷、无可奈何。他对日方代表说："那么，那么……那么你们希望我们做些什么呢？"三位日方代表异口同声地回答："你能够将产品介绍重新播放一次吗？"

美国公司精心设计安排的产品介绍，满以为日商会赞叹不已，从而吊起他们花大价钱购买的胃口。可是就当美国公司为他们的谈判技巧和实力沾沾自喜的时候，日方代表的"愚笨"和"无知"使他们突如其来地感到沮丧。而且日方代表还要求重新放映产品介绍，这种拖延时间的办法，又使他们的沮丧情绪不断膨胀。等双方坐下来谈判的时候，美方代表已毫无情绪，只想速战速决，尽早从这种不愉快中解脱出来。谈判结果自然是对日方有利，他们节约了一大笔资金。

●吹毛求疵策略

先举个例子：

上海一家商场由于购进了大量的空调，在夏天最热阶段过去之后仍有不少存货。如果这批空调不处理掉，将使资金积压，流动资金变成死钱，影响商场效益。

一个叫刘海的推销员挨家挨户推销，后来遇到一个名叫黄石的买主。刘海向黄石介绍了这款空调的优点，比如，该产品是最新产品，噪声低，能够安放在客厅，并且不用换电表……

黄石静静听了刘海的介绍后，对空调进行了试机和看样，然后针对刘海所介绍的优点说："这种空调是有不少优点。但是，由于它是新产品，质量、性能是否可靠都很难说，虽然噪声低，但比日本东芝的噪声大多了。我家有老人，噪声大会影响休息。虽然不用换电表，但我们住的是旧房，线路负荷已够大的了。若再用这么大功率的空调，将会有更多的麻烦。天气已开始降温，说不定不会再有高温了。如果买了不用，半年的保修期很快就过去了，等于没有保修……"经过这一番吹毛求疵的挑剔，刘海只得降低售价。黄石的吹毛求疵策略运用得十分成功。

运用吹毛求疵策略是指为了达到自己的目的，对对方的产品鸡蛋里挑骨头，想方设法地去找出缺点，以便迫使对方让价。该法运用得当，往往可以使买方获得物美价廉的产品。

商贸交易中的无数事实证明，这种挑剔战术不仅是行得通的，而且是富有成效的，因为它可以动摇卖方的自信心。面对顾客横挑鼻子竖挑眼所提出的一大堆问题和要求，卖方往往招架不住，尽管这些毛病只是买方的夸大其词。

需要注意的是，任何谈判策略的运用都是有一定限度的，因此，买方在提出问题和要求时，不能过于苛刻、漫无边际，不能与通行的做法和惯例相去太远，否则会被人认为没有诚意，以致中断交易。

一般来说，买方所挑剔的问题应是实际存在的，但可以把它略为夸大；进行苛责的方面，最好是卖方对此信息比较缺乏，不然一下子就让卖方识破了你的战术，他就会采取应对的措施。

●后发制人策略

后发制人策略往往会在谈判过程中显示出出乎意料的优势，尤其是当意见分歧很大、气氛处于比较紧张的状况时，效果更佳。后发制人策略就是指，在谈判过程中，先让一方尽可能多地发表意见，不与之争论，而是仔细倾听，待到对方说完，再以相应的对策使其折服。

1987 年，我国南平铝厂厂长高泽瑞赴意大利与伯勒达公司就引进先进技术设备的有关问题进行谈判。谈判开始时，伯勒达公司的谈判代表对中方代表流露出不尊重的态度。他们倚仗技术优势，胡乱要价，抛出的价格高于市场最高价。同时，意方代表还竭力宣传他们的设备是世界一流水平，对中方代表实施先声夺人策略。

高泽瑞没有被对手的技法所蛊惑，而是注意认真地倾听。等对方报价、自我夸奖等一系列表演结束后，高泽瑞沉着且彬彬有礼地回答："我们中国人民最讲究实事求是，还是请你们把图纸拿来看看吧！"

等意方代表把图纸拿来后，高泽瑞根据设备图纸分析比较，指出成套设备在哪些方面是先进合理的，哪些方面有欠缺，不如德国的，等等。高泽瑞的分析有理有据，使意方代表面露窘色，深为叹服，一反傲慢态度。高泽瑞继续说："先进的液压系统是贵公司对世界铝业的重大贡献，20 年前我们就研究过……"高泽瑞的发言不仅让意方代表折服，还减少了双方的距离。最后意方代表说："了不起，了不起……你们需要什么，我们可以提供，一切从优考虑。"最终，南平铝厂以优惠价格成交了一系列先进的铝加工设备，为国家节约了大量外汇。

高泽瑞就是使用了后发制人的策略，待对方滔滔不绝地说完之后，已无话可说之时，再发表自己高超的见解，可谓十分明智。相反，如果是在对方胡乱要价、侃侃而谈之时沉不住气而与之争论，不但显得极不礼貌、有失身份，而且很可能导致谈判陷入僵局甚至破裂。

●虚虚实实策略

对于那些愚笨、贪心或者不够幸运的人，这个策略有效的原因是这些人喜欢谈判，可是又不愿意去做太辛苦的工作，他们会被诱入设计好的圈套中。虚虚实实的策略就是为了对付谈判对手，在一席谈话中掺杂着真实与虚假的情况，同时表现出严肃认真、镇定自若的神情，致使对方信以为真，而使最终结果有利于己方。

1984年，上海的一家公司办理K生产线的引进，经货比三家之后，选择了美国的G公司。G公司驻香港机构代表E先生来上海谈判。我方与E先生在价格上的谈判很困难，对我方的减价要求，E先生的回答傲慢无礼："你们不要搞错，我们是美国公司。美国人是实打实的，没有一点水分。"事实上，E先生本人原籍是中国广东。在我方的一再坚持下，E先生又说："不过给点面子，让价1%。"为了对我方施加压力，他又来了最后通牒："我已买好了后天回香港的机票，如果你们有诚意，必须抓紧签订合同。"

谈判的第一个回合结束。在这种困难的情况下，我方推出经验丰富的谈判能手邹国清出场。邹先生在谈判开始后与对方寒暄："E先生，你是什么时候去香港的？"E先生回答："七年了。"邹先生又问："住在什么地方？"E先生回答："九龙。""原籍是哪里？""广东东莞。"这时有人插话说："我们邹先生也曾在香港工作多年。"这是邹先生有意安排的，意在提醒对方，不要出了国门就瞧不起中国人了。接着邹先生又说："我方在座的各位，是这个项目的全权代表，我们说话是算数的。如果我们谈妥了合同条款，你能代表美国G公司签字吗？"开场的几句对话，给对方来了个下马威，消除了对方的傲气。谈判话题转到商务条件上来，邹先生拿起一份资料向 E 先生扬了扬说："这个项目有几家外商感兴趣，从报价看你们的是太高了。"

其实，G 公司的报价比其他两家低 10%，这一点是虚的。E 先生有些怀疑地问："你说高，高多少？"这个问题不是很容易回答的。邹先生思考了一下说："高 13%。比如说，设备。"设备是真的，而 13% 是虚的。虚虚实实，邹先生神态自若。对方也基本上相信了，便说，降价幅度较大，需与美国总部联系一下。邹先生没有穷追不舍，他轻声对身边的人说："E 先生后天就要回去了，另外那家客商何时到？"被问的人机智地回答："E 先生走后的第三天。"这个情况是虚构的。由于 E 先生"偷听"到了我们的交谈，客观上起到了真的作用。E 先生本来想用后天回港来压我方，而现在我方却掌握了主动权，他害怕生意会被别人抢去，所以接下来的几天他抓紧时间与美国总部联系，连吃饭、睡觉的时间都不能保证了。就这样，很快合同就签妥，价格也比较理想，对方让价 12%。

在谈判过程中，我们在使用虚虚实实策略时，还要提防对方采用这种策略：先提供很好的条件，结果什么也得不到。而对付这种人最有效的方法是只要看到有信用不好的迹象，就赶快躲得远远的。这也是对付这一种"虚虚实实"策略的方法。

● 以迂为直策略

一般的谈判场合，要说服别人，有时应该暂时忍耐，先退一步，避开其思想锋芒，绕到对方的眼界后面去，在他尚未认识到的问题上做文章，使他的思想跟着你转，这样就能取得主动权。人在"想不通"的时候，一方面认识上已经走到了极端位置，思想空间就非常狭小。这时候若从正面动员强攻，当然会出现僵持局面。另一方面，人的自尊心使人不会轻易地改变主张，这就需要从另外的角度来论事，使人觉得没有妥协的余地。这样的忍耐，表面上是在后退，实际上是在更加逼近对方，即所谓的以迂为直策略。这一策略用来谈判也非常有效。

卖方和买方针对土地使用权转让进行谈判。在第一轮谈判中，经过激烈的争论，谈妥了一块土地的转让问题。卖方对买方最后同意给出的价钱也比较满意，认为是大致合理的。但是在谈判暂停过后，卖方却越想越不对，越想越觉得自己的价钱太低了，是买方骗了自己。

第二轮谈判开始后，卖方一肚子的怨气、一肚子的不平，虽然买方已经就另一块土地的价格做了很大的让步，但是卖方还是不肯轻易答应。卖方当然知道，买方这次的价格无论怎样说都是有利于自己的，他执拗不允的原因是想把第二块土地熬一个尽可能高的价钱，以弥补第一块土地的损失。怎么处理呢？买方也不希望谈判就此破裂，但他也不可能再做出让步了。买方只有小心翼翼地、诚恳地、开门见山地向对方做出解释，以求消解卖方的不满，重新开启谈判。

"上一次的事情已经过去了，现在想起，我确实有些抱歉，不过……""不过"的出现，是要缓和气氛，同时让对方明白，在上一次的谈判中，事实上双方都没有吃亏。这说明怎样成功地由一个话题转移到另一个话题，以一步一步靠近自己的目标，这也正是以迂为直策略的妙用。当然，话题的转移有相当的难度，需要对语言驾轻就熟。话题转移得不好，对谈判无济于事，有时虽然能暂时缓和一下紧张的气氛，但于大局并无什么作用。话题转移得巧妙，不仅能活跃调节气氛，还能为谈判消除障碍、铺平道路。

●事实抗辩策略

在谈判时双方是平等的，双方都必须遵守公共准则，不得采取不正当的手段来取得谈判的成功，也不能以势压人。在某个问题发生争论时，关键是要以理服人。因此，摆事实、讲道理就显得非常重要。但绝不能空洞，而应有科学根据，有确凿的事实。这就要求参加谈判的人员有理、有利、有节。谈判双方在涉及全局利益的原则问题时都不会轻易退让，而往往是针锋相对、据理力争。因此，谈判过程中，辩论是经常使用的一种语言手段。谈判桌前的辩论必须是以事实来抗辩，逻辑严密，语言有力。

1985 年，我国政府因进口的汽车存在严重质量缺陷，对出口商日本三菱株式会社进行了一场索赔的谈判。日方代表深知，己方汽车的严重质量问题是无法回避的，便采取了避实就虚、避重就轻、含糊其词的诡辩手法，企图蒙混过关、草草了事。日方在谈判中对汽车质量缺陷的描述仅为轮胎爆裂、挡风玻璃有裂纹、电路部分有些故障、铆钉震断、车架有裂痕等，坚持认为汽车的质量问题是局部的、轻微的，在使用过程中是可以避免的，而拒不接受我方提出的索赔要求。对方的态度一度使谈判困难重重。

为使谈判摆脱困境，我方决定采用"事实抗辩"法，以粉碎他们的种种借口和不实之辩。谈判中我方庄重地表明如下事实：

（1）贵公司代表都到过现场，亲自察看过汽车受损的情况，汽车的严重质量缺陷是存在的，这是不变的事实。

（2）经过商检机构会同专家小组的鉴定，铆钉并非震断，而是剪裂；车架并非仅为裂纹，而是断裂缝，表明钢材的质量和机构加工方面存在着严重的缺陷。

（3）电气部分并非电路故障，而是所使用的电子元件粗制滥造，为不合格产品。

（4）所有损坏的情况，不能用"有些"或"偶然"等模糊词句来描述，而要用精确的数字比例和数据化。我方代表并将各种汽车质量的检测数据、报告等有关材料放在日方面前，这些检测结果不仅有用我国自行研制的检测设备所做的检验，而且还有用日本刚刚提供的当时世界上最先进的车检设备检验的结果加以辅助说明，证据确凿、掷地有声。

在铁的事实面前，日方不得不承认其汽车所存在的严重质量问题，终于接受了赔偿我方 7 亿日元的直接经济损失，并答应继续就间接损失的赔偿问题进行谈判。

在论辩中，以事实说话，话才更加有力。日本新日铁公司曾按某项协议给宝山钢铁厂寄来一箱资料。原来谈好寄 6 份，寄来的清单上也写着 6 份，可开箱一看却只有 5 份，于是双方再度谈判。日方说："我方提供给贵方的资料，装箱后要经过几次检查，绝不可能漏装，是否有可能途中散失或开箱后丢失？"这番话语气强硬，不容争辩。我方代表立即针锋相对地说："很抱歉，事实是开箱时不少人在场，开箱后立即清点，我们经过多次核实才向贵方提出交涉的。现在有三种可能：一、日方漏装；二、途中散失；三、我方开箱后丢失。如果途中散失，外面的木箱应受损坏，现在木箱完好，这一可能应当排除。如果我方丢失，那木箱上印的净重应当大于现有资料净重，而事实是现有 5 份资料的净重与木箱所印净重正好相等，因此我方丢失的可能性也应排除。剩下只有一个可能，即日方漏装。"这番论辩有理有据，逻辑严密，而且处处让事实说话，收到了良好的效果。

●巧用暗示策略

巧用暗示，即利用一定的语言条件和背景条件使话语产生言外之意。暗示常采用双关语、多义词、同音词、反语等手法，使语言产生弦外之音。恰当运用暗示，可以在谈判中不致导致僵局，又达到迫使对方让步的目的，使谈判能够顺利地向更有利于自己的方向发展。

我国某家公司与日商进行贸易谈判，各方面都已谈妥，唯有在价格问题上，日方寸步不让。如何迫使对方让步？我方代表提了个问题："请问，贵国生产这种产品的公司有几家？贵国产品是否优于×国的同类产品？"言下之意是暗示对方，这类产品并非只有你一家，如果价格不变，我们将考虑选择别家。

再看一个例子。一次，某乡党委为了加强机关干部管理，在工作考勤等方面做了一系列规定。决定由曾在乡属企业担任过多年负责人，不久前到机关做传达工作的一位老同志负责考勤登记。这位老同志认为这工作易得罪人，不愿意干。他还说自己过去就是因为办事太认真，得罪了不少人，必须吸取"教训"。听了他的话，乡党委书记很委婉地讲了一个故事：某电影导演，为拍一部片子四处寻找合适的演员。一天，导演发现了一个合适的人选，便通知他准备试镜。他十分高兴，理了发，换上新衣，对着镜子左照右照，总感到自己两颗"犬牙"式的牙齿不好看，于是到医院把那两颗牙齿换掉了。后来，他兴致勃勃地去报到，导演见到他，失望地说："对不起，你身上最珍贵的东西被你自己当缺陷给毁了，影片已经不需要你了。"故事讲完后，这位老同志懂得了"坚持原则，办事认真"正是自己最珍贵的素质，于是他愉快地接受了这项任务。

●软硬联手策略

软硬联手策略是指先由唱"黑脸"的人登场，态度强硬，具有进攻性和威慑力，然后唱"白脸"的人再登场，以合情合理的态度，对待对方。在这个过程中，"白脸"左右逢源，十分理智，但却巧妙地暗示，若谈判陷入僵局，那么"黑脸"会再度登场。在这种情况下，谈判对手一方面由于不愿与那位"黑脸"再度交手，另一方面迷恋于"白脸"的礼遇，而被迫答应"白脸"提出的要求。

1980年，某市地毯厂与外商洽谈购买化纤地毯事宜，当时外商报价太高，几次谈判均未成功。这时厂方详细分析了对方的情况后，委托李、王二人继续与外商洽谈。洽谈中，外商仍坚持价格不能低于120万美元，并说："不能再压了，这已是跳楼价了，再压我们就会大吐血了，就会赔本了。"我方代表李某说："这个价格我们是不能接受的，80万美元还可以考虑，多一美元，我们也不买。"这时，外商不高兴地站起来说："既然这样，我们只好回国，另找买主了。"以此威胁我方。李某寸步不让，也毫不客气地说："回国我们欢送，那么请便吧。"外商一看，李某的态度这样强硬，又缓和一下说："110万美元总算可以吧。"李某还是不同意，坚持把价压到80万美元。外商看到这种情况，便收拾有关资料，起身要走，谈判几乎到了崩溃的边缘。

这时，在谈判中一直很少说话的王某站起来，一方面，当着外商的面责备小李，说他不冷静，劝他冷静些；另一方面，请外商坐下来，并说："价格我们可以慢慢谈，慢慢协商、研究，商讨一个双方都能接受的价格。"同时又指出："贵国三年前，不也是以79万美元，卖给某国了吗？"外商一听，先是一怔，接着说："情况不同了，物价上涨，价格自然应高些。"小王一听，很亲切地说："比三年前的价格高些，不过分，我看85万美元总算可以吧！"外商被迫放弃强硬立场，最终以85万美元成交。

这次谈判之所以成功，就在于我方代表巧妙地利用了软硬兼施的策略。当然，这种策略也有不到之处，那就是往往会使谈判工作更加复杂。因为，按上述做法行事，两个谈判人员要配合得十分默契，这是一件十分不容易的事情，如果被人看穿，可能就要成为笑料了。所以，运用它一定要谨慎。

●适时终止策略

尽管谈判是一个长期而复杂的过程，但总有终止时间，优秀的谈判大师，应当熟练地掌握时机，施展适时终止谈判的策略。当谈判的形势已经明朗，没有必要再谈下去时，就应借机提出理由，干净利落地结束谈判。以下是可用来终止谈判的几种方法。

（1）切忌在双方热烈地讨论某一问题而尚未获得一致意见时草率收兵。应该在双方意见获得协调后，再让谈判告一段落。如果一时出现分歧，应该设法改变话题，直至气氛改变，才能设法收场。

（2）谈判过程中，拖拖拉拉，没完没了，会造成谈判双方心理上的疲劳和精神上的困倦。因此，不要勉强地把谈判拖长，有话则长，无话则短。当发现谈判内容已濒临枯竭时，就应尽早使谈判在最佳点上结束，适可而止。

（3）要把谈判时间掌握得恰到好处，在准备结束前，先预定一个时间。若突然终止谈判，匆匆离去，会给人粗鲁无理的印象，如因有事只能作短暂交谈，应在谈话之初预先声明，使对方有所准备。

（4）要小心留意对方的暗示，如果对方对续谈已不感兴趣，就应知趣地结束谈判。

（5）结束谈判时，要给对方留下一个愉快的印象，笑容是结束谈判的最佳句号。因为最后的印象可以留在对方的脑海中，有利于将来进一步的交往。另外，结束谈判时，也可谈些幽默话，这不但可使气氛活跃，而且也可以令对方对你的印象更深刻。总之，当谈判接近临界点时，你必须清醒警觉，毅然决然，当止即止。

● **投石问路策略**

"投石问路"是一种策略。采用这个策略，买主可以从卖主那儿得到通常不易获得的资料，如成本、价格等方面的信息。要深入了解对方，除了仔细倾听对方发言，注意观察对方的举止、神情、仪态以捕捉对方的思想脉络及追踪对方动机之外，通过适当的语言手段进行"投石问路"，是探视对方想法、目的，获取必要信息的更为直接的有效方式。这方面的技巧大致有以下几种。

1. 漫谈的方法

即在触及正题之前，先谈些与正题无关的话，如形势、经济、文化、爱好、家庭等，以此了解对方的习惯、爱好、能力、水平等情况。这些情况也许在正式谈判中会带动某种启示和帮助。

2. 吊胃口的方法

可利用一些对对方具有吸引力或对方很敏感的话题去进行交谈，借此琢磨、判断对方的种种变化及心理活动的蛛丝马迹。在商业谈判中，往往采用提出高价的方式去试探对方反应和可接受程度。

有一次，某外商向我方购买原材料，出价 40 美元一千克。我方开口便要价 48 美元。外商一听急了，连连摇手："不，不，你怎么能指望我出 45 美元以上的价来买呢！"一下露了底。我方立即抓住时机追问一句："这么说您是愿意以 45 美元成交的？"外商只得说："可以考虑。"结果以 45 美元成交了，比我方原定的成交价格要高出数美元。

3. 提问的方法

巧妙的提问犹如一颗颗问路的石子。切中时机、恰到好处地提问，往往能帮助谈判人员把握住对方的思想脉络。如："先生，刚才我介绍了我们产品的情况，也许您有什么问题要提吧？"促使对方做出反应，把握他的思想动态。还可用假设句的形式，如："假如我们减少订货的数量呢？""假如我们买下您的全部产品呢？""假如我们改变合同形式呢？"这种突然发问的假设句，常使对方措手不及，无意之中流露出真情。

●声东击西策略

声东击西的策略，就是在谈判过程中，吸引对方的注意力，突出次要问题，隐藏主要问题，让对方在我方不感兴趣的问题上纠缠，产生错觉，从而在有利的时机以最优的方式解决我方真正关心的问题。

比如说，你与某公司的代表谈判，你受公司委托要注意产品的交货地点，而对方关注的却是售出产品的数量。这时，你在谈判中就可以把进攻的矛头指向交货时间，把对方从双方的主要关注点上移开，在时间问题上抓住不放，使对方造成错觉，把全部精力转移到交货时间上来。而在适当的时机，你可以放低一些要求，随意地提出交货地点让对方考虑。这样，你往往能达到目的，自己胜利了对方却还蒙在鼓里。

● **劝诱策略**

苏格拉底是两千多年前古希腊的哲学家，他创立的问答法至今还被世人公认为"最聪明的劝诱法"。其原则是：与人谈判时，开始不要讨论分歧的观点，而是着重强调彼此共同的观点，以免对方产生心理上的反感，等到双方观点取得基本一致后，再自然地转向自己的主张。苏格拉底劝诱法的做法和特点是：开头提出一系列的问题让对方连连说"是"，与此同时一定要避免对方说"不"，这就是劝诱的策略。美国一家电器公司的营销主管阿里森谈过这样一件事：

一次，阿里森到一家新客户那里去，推销一批新型电机。等他一到这家公司，总工程师劈头就说："阿里森，你还指望我们能再买你的电机吗？"阿里森经过一番了解得知，原来这家公司通过使用，认为从阿里森那里购买的电动机发热超过正常标准。阿里森知道与总工程师强行争辩没有任何好处，便决定采取苏格拉底劝诱法来和对方谈判并争取说服对方，即决意取得对方做出一系列"是"的反应和具有较高认同的姿态。阿里森了解情况以后，先故意询问这位总工程师："好吧，尊敬的先生，我的意见和您的相同，假如那些电动机发热过高，别说再买，就是买了的也要退货，是吗？""是！"总工程师果然做出他所预料的反应。

阿里森接着说："电动机是会发热的，但你当然不希望它的热度超过规定的标准，是不是？"总工程师又一次回答："是。"

阿里森认为已经到了时机，就开始讨论具体问题了，他问道："按标准，电动机的温度可以比室温高 72 华氏度是吗？"

"是的，"总工程师说，"但你们的产品却比这高很多，简直叫人没有办法用手去摸，你说，这难道不是事实吗？"由于掌握了足够的事实，阿里森也不与他争辩，而是反问说："你们车间的温度是多少？"总工程师略为思考，回答说："大约是 75 华氏度。"阿里森兴奋起来，拍拍对方的肩膀说："好极了！车间温度是 75 华氏度加上应有的 72 华氏度，一共是 140 华氏度左右。如果你把手放进 140 华氏度的热水里，是否会把手烫伤呢？"

总工程师虽然不情愿，但也不得不点头称是。

阿里森接着说："那么，以后你就不要用手去摸电动机了，请您放心，那种热度完全属于正常情况。"谈判结束了，阿里森不仅说服了对方，消除了对方对其产品的偏见，而且接着又谈成了一笔生意。

其实，阿里森开始所问的问题，都是谈判对手所赞同的，在他一系列机智而巧妙的发问中，获得谈判对手无数"是"的反应。在谈判过程中，一开始说"是"字，会使整个谈判形势趋向于肯定的一面，这是谈判双方的心理需要，也便于放松情绪，保持谈话间的和谐气氛；相反，说"不"字则容易造成情绪对立，致使谈判者全身紧张，处于拒绝状态。正如一位谈判专家所说："一个'不'字的反应是谈判最难克服的障碍。当一个人说'不'字时，所有关于他的人格尊严都要求他坚持到底，过后他也许觉得说'不'字是错了，然而他的尊严绝不允许他改变，只能一味地坚持。因此说服一个人的时候，一开始就让他不反对，这是谈判桌上最要紧不过的了。"

●褒贬交替策略

褒贬交替策略就是对谈判对手的产品施加褒扬或贬斥的评论，最终使谈判有利于己方的策略。

《洛杉矶时代》杂志社记者玛丽·史密斯想拥有一幢新别墅，这时，正碰上承包商葛米兹先生有一幢别墅想出售，于是，玛丽想找他谈谈，如果售价合适的话，便把它买下来。星期天一大早，玛丽就驾着她的采访车来找葛米兹先生。

一见面，玛丽便说："我是《洛杉矶时代》杂志的记者，不过今天不是来采访您，我想，如果我们合作得愉快，以后会有这种机会的。我今天来是想看看您的这幢房子，如果质量、价格都合适的话，我想把它买下，因为我喜欢这种白色瓷砖屋顶以及这粉红色的大理石地面。"葛米兹听后非常高兴，因为他没想到竟会有买主这么欣赏他的这幢房子，而事实上，他想卖的几幢房子都已卖出，这是最后一幢，原以为这会成为他的难题。葛米兹从玛丽的赞美声中感觉到玛丽的购买愿望，因此他把价格抬得很高，要32万美元。玛丽虽不经商，但她当了多年的记者，她很善于在与人交往时巧妙利用褒贬交替的办法说服人。

玛丽立刻反驳道："葛米兹先生，这幢房子是不值32万美元的。首先它的质量就很差，白色瓷砖屋顶经常需要维修，这很费事，现在建房子人们为了光线好，一般是采用开天窗的办法。我想，我最多只能出25万美元购买它。"葛米兹退一步说："其实，现在的人购买房子，最重要的已不是考虑质量，而是它的外观能否让您满意。当然，如果把价格降到30万美元也是可以的。"

玛丽便说："是的，我是这样，可我丈夫大概不会同意，他很喜欢我们原来的房子。您看我把房子照片带来了，我们原来的房子很有特色，质量也很好，而且我们住习惯了。但是，如果您可以把价格降下来，降至我们可承受的范围，我会去说服我丈夫的。"葛米兹看了玛丽带来的照片，说："你们的房子已经到了更新换代的时候了，现在已经没有人住那种老式房子了，你不觉得住在那种光线暗的屋子里感到情绪紧张、精神压抑吗？当然，如果您的丈夫很固执，您必须付出很多努力去说服他来购买我的房子，我也愿意付出2万美元的代价出售，您觉得28万美元如何呢？"

玛丽是很聪明的，她再三表示她是喜欢这幢房子的，同时，为了压低价格，她不停地找出这幢房子的缺点和提出反对意见。最后，玛丽说："葛米兹先生，我确实很喜欢您的这幢房子，但只是喜欢它的白色瓷砖屋顶和粉红色大理石地面。我以前的房子是可以继续住的，所以，如果您出价太高我就不买了，何况我丈夫不同意。但是，您不想想，您的其他几幢房子都出售了，唯有这幢，已经两个月了也没卖掉，肯定是没人喜欢，而我一定是唯一喜欢它的人，您为什么不便宜一点卖给我呢？难道想继续留着它吗？如果您觉得25万美元会让您亏本，那么我愿意加到26万美元，但只能是26万美元了。"

最后，葛米兹在玛丽的能言善辩之下，以26万美元成交。玛丽就是在赞美与贬抑声中，使谈判成功。

●留有余地策略

谈判中，特别是开始时，说话一定要注意分寸，不能说"满口话"，要使说话具有一定的弹性，给自己留下可以进退的余地。运用模糊语言是谈判中经常使用的留有余地的重要手段。模糊语言灵活性强，适应性也强。谈判中对某些复杂或意料之外的事情，不可能一下子做出准确的判断，就可以运用模糊语言来避其锋芒，做出有弹性的回答，以争取时间来做必要的研究和制定对策。

如在外交会谈中，客人友好地邀请主方去他国访问，主方应按照礼节高兴地答应下来，但往往由于种种原因，不能轻率确定具体日程，这时常以模糊语言作答："我们将在适当的时间去贵国访问。"这个"适当的时间"可以是一个月、一年、几年，甚至更长时间，具有相当的灵活性。这样既不使对方感到不快，又不使自己为难。又如对某些很难一下子做出回答的要求和问题，可以说："我们将尽快给你们答复。""我们再考虑一下。""最近几天给你们回音。"这里的"尽快""一下""最近几天"都具有灵活性，可使自己避免盲目做出反应而陷入被动局面。

在贸易谈判中，谈判开始时卖主提出的要价一般偏高，然后在谈判中的适当时机再做出一些让步，这样做有利于达成协议。但这并不意味着开价越高越好，而应使对方听起来要价虽高，但不苛刻，有讨价还价的余地。若提出不切实际的过高要求，使对方听起来荒诞离奇，不仅不能收到良好的效果，反而不利于谈判的顺利进行。

德国某公司销售经理率团来华推销焊接设备，谈判时，德方一套焊接设备先报价 40 万美元，并声明这是考虑到初次交易为赢得信誉而给出的优惠价，经我方反复讨价还价，德方的报价逐渐降低到 27 万美元。德方经理做了个手势开玩笑地说："27 万美元卖给贵方，我们是亏本，回去怕要挨批评了。"结果双方以 27 万美元达成协议。其实，后来据我方所知，该公司这套设备以往也是以二十几万美元价格多次出售的。40 万美元不过是留有报价余地罢了。

这一策略从表面上看与开诚布公相抵触，但也并不是绝对的，二者的目标是一致的，都是为了达成协议，使双方都满意，只是实现目的的途径不同而已。不可忽视的是，该策略如何运用要因人而异。一般来说，在两种情况下使用这种留有余地策略：用于对付自私狡猾、见利忘义的谈判对手；在不了解对手或开诚布公失效的情况下使用。

●内紧外松策略

内紧外松策略，实际上就是欲擒故纵的方法。具体的做法是谈判的一方必须要做成这笔交易，但在谈判中却装出满不在乎的样子，使自己的态度保持在一种半冷半热、不紧不慢的状态中。在谈判日程安排上，不是非常急切；在对方激烈强硬时，任其表演，不慌不忙，从而使对方摸不着头脑，相应地增强了自己的心理优势。事实上，采用该方法的目的是要攻，却故意拖延时间。通过"拖"激起对方的成交欲望，降低谈判的价码，相应地增强我方的议价力量和支配力，最终达到使对方让步的目的。

比如一个买卖房屋的交易，卖方为了提高自己的支配力，故意采取了一种对卖此屋不甚积极的态度，他从电话上告诉买方："我个人很希望把这幢房子卖掉，但我的妻子和孩子很喜欢这个地方，我觉得这地方也还可以。所以，我现在也开始有点犹豫。不过这事还可以再商量。"很显然，卖方说这话是为了对买方施加压力，希望对方鼓励自己把房子卖给他。

这时，买方就要采取欲擒故纵的手法，态度表现得冷漠一点告诉他："对不起，我不想参与你的家务事，你自己决定吧。"这样一来卖主可能很快会主动找上门来，使买方的支配力大大提高。而如果买方表现出积极想买他的房子的话，卖方就会乘机提出更多的要求，使买方处于被动地位。但采用内紧外松策略，还要注意以下三个方面。

第一，每一次"拖延"不能拖死，要给对方一个"还有机会"的感觉。比如，改变与卖方的谈判日程时可说："因有别的重要会见。"在神秘中仍给卖方一个延后的机会。待到卖方等到这个机会时，会增加一分珍惜感。

第二，注意言论，在施行"拖延"时说话要委婉，避免从感情上伤害对方，造成矛盾焦点的转移。比如，本来双方讨论的是贸易或技术条件，却一下子转移到对人的态度方面或公司的关系上，甚或牵扯到两国政府的政策等问题，这必然使谈判失控。

第三，当"拖延"时，要考虑到自己手中一定要有几个有利的条件可以重新把对方吸引回来，不能使自己的地位僵化。否则一"拖"即死，无力再拉回对方。

●车轮战术策略

车轮战术策略就是指在谈判过程中，更换谈判者，从而有机会抹去以前所做的让步，重新开始讨论，延缓合同的签订，或者是更换讨论的话题，而使对方努力让新谈判者熟悉过去所争论和所协定的，从而加大对方的谈判难度。一旦我们习惯和某人谈生意时，如果突然换了对象，使得一切必须重新开始，自然是会引起不快的。所以这种策略不太容易实行，因为对方的"抵抗力"往往很大。

有一位购货经理便常常使用这种策略。他向部属指示：在谈判时，要提出强硬的要求使讨论陷于低潮，双方都精疲力竭了，且双方快要形成相持不下的僵局时，这个经理就亲自出马处理这笔交易了。卖主因为不愿失去这笔生意，又不敢触怒买主，这个经理就趁机向对方要求较低的价格和更多的服务。那个已经被搞得晕头转向的卖主就很可能让步了。但是对方新对手的加入并不表示你一定会处于不利的地位，这也可能是一个扭转谈判僵局的好的开端，因为这个新人或许能提出一些对你更有利的建议。如果对方采用这种战略时，你该怎样应对呢？这里为大家提供几点建议。

（1）你不必重复已做过的争论，这只会使你精疲力竭而已。

（2）如果新对手一口否认过去的协定，你要耐心等待，他可能会回心转意。

（3）你可以用很好的借口，使谈判搁浅，直到原先的对手再换回来。

（4）不论对方是否更换谈判者，你最好要有心理准备。

（5）如果新对手否认过去的协定，你也可以借此理由否认你所许过的诺言。

辩论的语言艺术

辩论不仅是追求真理的一种方式，也是我们在工作中的一种语言表达艺术。不辩则事不清，不辩则理不明。主观臆断、不允许一点不同意见的人，必然不能令人信服，工作也必然会出现偏差。因此，一个有着科学头脑、良好素质的人，其语言表达必然离不开辩论这种形式。

●针锋相对，揭其要害

在辩论中要善于抓住对方的要害之处，针锋相对地进行反驳。一是反驳其错误论点，用事实分析，直接证明对方论点的虚假和荒谬；二是反驳其论据，直截了当地揭穿其论据的虚伪性，论点的不正确也就随之暴露出来了；三是反驳论证，通过揭露对方论点和论据之间的逻辑关系错误，最终推翻其论点。

秦孝公想起用商鞅变法，便专门召开了一次会议，讨论变法大计。会上秦孝公对群臣说："继承君位，不能忘了巩固政权，这是国君应当遵守的原则；实施法治务必阐明国君的长处，这是臣下应有的品行。我现在想通过变法来治理国家，变更礼制来教育百姓。但是恐怕天下人非议。所以要大家发表意见一起来想办法。"

商鞅率先亮出了自己的观点，提出了"治世不一道，便国不法古"的主张。他说："法是为爱护人民而制定的，就是为了办事而形成的。所以高明的人只要可以使国家富强，就不死守旧法；只要能对人民有利，就不一定遵循旧礼。"

商鞅的主张得到了秦孝公的赞成，却遭到了甘龙和杜挚等人的反对。甘龙说："高明的人不改变民众的习俗来进行教化，有智之士不变更旧法而治理国家。这样，不费力就会成功，官民相安无事。现在如果不按秦国的旧制办事，改变礼制来教化人民，恐怕天下都会非议君上！"

商鞅立即驳斥甘龙说："甘龙所说，不过是世俗之言。一般人总是安于旧习惯，迂腐的学者也往往沉溺于所学的学问之中。所以，这两种人做官都固守旧法，是不能和他们讨论旧法之外的事的。夏、商、周三代礼制不同，但都称王于天下；齐桓公、晋文公等五个霸主各自的法令也都不同，却都称霸于诸侯。所以高明的人制法，而愚蠢的人只能受制于法；贤能的人变更礼制，而无能之辈只会被礼制约束。拘泥于旧礼的人，不足与之谈论国事；受制于旧法的人，不足与之讨论变革。王不必再疑虑了。"

这时，杜挚站起来给甘龙帮腔，说："我听说，没有万倍的利益，就不变法；没有十倍的功效，就不能更新器具。还听说有这样的话：'效法古代没有错，遵循礼制不会出偏差。'请王好好考虑！"

商鞅立即予以反驳："前代教化人民的方法都不同，哪有什么古法可仿效？历代帝王的礼制都不相重复，又有什么礼可遵循？远古的伏羲、神农时代教育而不惩罚，后来的黄帝、尧、舜就实行惩罚了，但不滥施惩罚，及至周朝的文王、武王，都是各自根据当时的形势而立法，根据事情的具体情况来制礼。显然，礼和法是因时势的需要而制定的，制度和法令要与形势相容，各种兵器、铠甲、器械装备都要便于使用。所以我说：治理国家不是只有一种方法，只要有利于国家就不必效法古代。商汤王、周武王都不遵循古法，一样地兴盛起来了；夏桀王、殷纣王虽然没有变更旧礼制，却也灭亡了。由此可见，不效法古代的人未必有可非议之处，遵守旧礼的人不足以多加肯定。国君不要再疑虑了！"

商鞅的一阵雄辩，使甘龙和杜挚的守旧论调显得那么苍白无力，秦孝公的疑虑打消了，他说："好，即使天下的人都来议论我，我也不再犹豫了！"至此，才有了一场影响深远的"商鞅变法"。

商鞅变法是围绕着"治世不一道，便国不法古"的观点来进行辩驳的，群臣以"祖宗之法不可变""祖宗之礼不可违"与之针锋相对。这场舌战，商鞅之所以获胜，关键在于他用"古代贤王法""礼皆可变"的大量事实驳倒了众人，从而赢得了秦孝公的信任，真正是事实胜于雄辩。

●反嘲斥谬，以柔克刚

这一辩论方法就是抓住对方嘲讽的话头，反过来用嘲讽的方法予以反击，使对方处于被嘲弄的尴尬境地。

在一次外贸谈判中，中方代表拒绝了一位红头发的西方外商的无理要求。这家伙恼羞成怒，竟然出口伤人："代表先生，我看你皮肤发黄，大概是营养不良造成你思维紊乱吧？"中方代表立即反击道："经理先生，我既不会因为你皮肤是白色的，就说你严重失血，造成你思维紊乱，也不会因为你头发是红色的，就说你吸干了他人的血，造成你头脑发昏。"中方代表用反嘲斥谬法回击了外商的嘲讽，驳斥了对方的强辩。

●取喻明理，寓理于喻

在辩论中，把道理寓于比喻中，运用比喻手法说明道理，既可言简意赅地阐述道理，又能理趣浑然、风采夺目。

春秋时期的墨子不但是大学问家，也是一位辩才，说话很富哲理。一日，子禽问墨子："是多说话好，还是少说话好？"

墨子沉思了一下说："你看，池塘里的青蛙，不分昼夜地呱呱叫，声音又高又亮，可从来没有人注意它们。而鸡棚里的公鸡，平时轻易不叫，只在每天天亮时才叫几声。人们听到它的叫声，就知道天亮了，于是起床做事。这说明人们很注意公鸡的鸣叫声。"子禽会意地点了点头。

●诱导反问，不攻自破

这种策略就是为肯定自己的观点，诱导性地提问，让对方紧紧围绕自己的论题思考，再以反问的形式肯定自己的观点，迫使对方不得不接受。

一次，俄国文艺批评家赫尔岑应邀去参加一个宴会。宴会上不断演奏一些震耳欲聋的所谓流行音乐。赫尔岑实在忍受不住，最后不得不捂住了耳朵。主人看后惊讶地说："这可是最流行的音乐呀！"赫尔岑反问道："流行的就一定是高尚的吗？"主人也不甘示弱，反驳道："不高尚的东西怎么会流行呢？"赫尔岑笑了，说道："那么，流行感冒也是高尚的吗？"主人无话以对。

在具体进行辩论的时候，不同的对象涉及的范围和采用的方法，往往是各种辩论特点兼而有之，应视实际情况随机应变、临场发挥，才能战胜论敌，获取辩论的胜利。

●由彼及此，步步紧逼

由彼及此法是指由远而近、步步紧逼，直到对方投降认输为止。

某市长收到举报材料，得知某百货商场经理有违法乱纪行为，为挽救这位经理，使其悬崖勒马、改邪归正，便去找他谈话。谈话中，这位经理多方辩解，和市长争论起来。于是，市长改变方法，冷静地问道："假若你家里喂了一条狗，只会偷吃睡懒觉，从不顾家守屋，有时还打烂碗盆，你怎么办？"经理回答："把它赶出家门。"市长说："假如你商场有个售货员工作懒惰，态度恶劣，胡乱提价，有时还将商品偷回家去，你怎么办？"经理说："开除他！"市长说："假如他的经理知情不报，且与之暗中勾结，倒卖香烟，中饱私囊，你说该怎么办？"经理："这……"

由彼及此法，往往是欲此先彼、欲实先虚、欲近先远，步步紧逼，最终使对方无路可逃，只好束手就擒。

●婉曲作答，避其锋芒

婉曲作答法是对对方所提问题不作直接回答的一种辩论方法。

有人问美国天文学家琼斯："地球有多大年龄，你能说清楚吗？"琼斯回答："这也不难。请你想象一下，有一座巍峨的高山，比如说高加索的厄尔布鲁士山吧。再设想有几只小麻雀，它们无忧无虑地跳来跳去，啄着这座山。那么这几只麻雀把山啄完大约需要多少时间，地球就存在了多少时间。"

琼斯这种委婉曲折的回答，不仅把一个容易引起争议的难题化解了，而且使人意识到地球存在的岁月异常悠久。

婉曲作答法，往往要避开锋芒、摆脱困境，使对方由主动变为被动，比直接作答更形象、生动、有力，往往使对方无可辩驳。

●转移论题，避而不答

齐王因为没听从孟子的劝告，结果使燕国人反叛了齐国。齐王感到惭愧，但有个叫陈贾的大夫却在孟子面前为齐王开脱。

陈贾说："周公是什么样的人？"

孟子说："古代圣人。"

陈贾问："他派他的弟弟管叔去监督殷国，结果管叔却带领殷人反叛，确有其事吧？"

孟子答："的确有。"

陈贾又问："周公是不是知道他要反叛才派他去的？"

孟子说："周公不知道。"

陈贾立即说："这样说来，圣人有时也有过错吧？"

孟子回答说："古代的君子，有错就改；现在的君子将错就错。古代的君子有了错，就像日食月缺，人人都看得见。当他改正时，人人都能敬仰他。现在的君子，岂止是将错就错，还要找借口为自己辩护。"

陈贾无话可说。

孟子和陈贾这场论辩采取了转移论题法。陈贾像煞有介事地以圣人为齐王开脱。孟子不在无须讨论的问题上纠缠，把论题转移到如何对待错误上，用类比法得到结论。"圣人有错就改"，这里还包含着一个假言判断："既然圣人有错就改，而齐王将错就错，所以齐王并非圣人。"这就从侧面将前面避而不答的问题重新点明，既使陈贾无言以对，又使齐王受到教育。

● **诱导明理，有的放矢**

诱导明理法是针对对方的错误观点，步步引诱造成对方言论前后矛盾而使其明理的一种辩论方法。

一个年轻村民，带妻子去做人工流产。妻子不愿意，别人劝说也不听，他直接去找医生。

村民:"请给我妻子做人工流产。她虽然是头胎,但是个女胎,所以我要她来做流产。"

医生:"你为什么不要女胎?"

村民:"一对夫妇只能生一个孩子,女孩子长大了总归是别人的。"

医生:"我有个 8 岁的男孩子,等他满了 12 岁,我就送他到五台山当和尚。"

村民:"这么好的儿子,为什么去出家?"

医生:"因为他不能传宗接代呀!"

村民:"这孩子有生理缺陷吗?"

医生:"那倒没有。"

村民:"那他怎么不能传宗接代?"

医生:"因为他长大了找不到对象。"

村民:"这么乖的男孩子,怎么会找不到对象?"

医生:"到那时,社会上只有男人没有女人了!"

村民:"哪会有这种事?"

医生:"女孩子长大了要出嫁,所以都被当爸爸的强迫'人流'了。"

村民:"啊!我们……"

诱导明理法先不说对方的观点是错误的,而是有意诱导对方步步前进,最后使其感到"此路不通"。此法寓教育于辩论之中,让对方易于接受。

●以牙还牙,理直气壮

以牙还牙法,就是在辩论中,不去正面否定对方论点的荒谬,而是用相同事例还给对方一个荒谬的论点,用以驳倒对方的一种方法。

　　某个大旱之年，一位能说会道的老农到县衙呈报灾情，请求减征赋税。县令问道："今年麦子收成多少？"老农答道："三成。"县令接着问："棉花收成多少？"老农答道："二成。"县令又问："稻子收成多少？"老农答道："二成。"县令听罢，厉声喝道："明明有七成的年景，竟敢谎报灾情，真是胆大包天！"老农想了一下说："我活了150岁，还未见过这么严重的灾情啊！"县令惊问道："你有150岁吗？"老农不慌不忙地说："我70岁，大儿43岁，小儿37岁，合起来不是150岁吗？"县令大声吼道："哪有你这样算年龄的！"老农反问道："哪有你那样算年成的！"县令无言了。

　　以牙还牙法在辩论中足显力度，常常会置强词夺理者于"死地"。它是以其人之道，还治其人之身，让对手搬起石头砸自己的脚。

●归谬制人，出其不意

　　归谬制人法，就是先假定对方的命题为真，然后以此为前提进行推论，将它推向极端，推出明显的荒谬结论使其难堪的一种方法。

　　古时候有个富翁死了，富翁夫人同管家商量，要用活奴给他陪葬。富翁兄弟是个有识之士，反对这样做。富翁夫人坚持道："你哥哥死了，在地府无人侍奉，我们决定用活奴陪葬，谁阻拦都不行。"富翁兄弟便改口道："还是嫂子和管家虑事周全、用心良苦，可见嫂子同兄长夫妻情深，管家对主人忠心不二。既然要用活人陪葬，不过，让别人去服侍兄长，我们不放心，倒不如嫂子和管家去陪葬，兄长定会非常满意的。"富翁夫人和管家哪愿去死，只好作罢。

　　归谬制人法的运用，要注意相同性质的谬论的可比性，若将两件不相干的事扯在一起，便收不到以谬制人的效果。

●设喻巧辩，贴切巧妙

设喻巧辩法，是用生动形象的比喻，来巧妙施辩的一种方法。

有位女士爱好文学创作，写了一本很厚的小说寄给一位知名编辑，可是书稿很快就被退回来了。女士异常气愤，给这位编辑打电话质问："编辑老师，你怎么没把我的书稿看完就把它枪毙了？为了考察你是否真的看过，在寄出前我把105页和106页粘在一起，当我查看退稿时，这两页仍然原封未动，你作何解释？"编辑回答道："女士，比方我吃一瓶水果罐头，尝了一口发现是坏的，难道我非得把它全部吃完才能下结论吗？"

辩论中，遇到棘手的质问或难于正面回答的提问，就可用设喻巧辩法。使用此法需注意比喻的贴切性、易懂性、巧妙性，以及表意的明确性，才能使对方无话可说。

●机智折服，不卑不亢

机智折服法，就是面对难于争辩的问题随机应变，运用智慧，化被动为主动，向对方发难使其折服的一种方法。

晋朝有个叫许允的书生，在洞房花烛夜，见新娘相貌平平，大为不悦。新娘问他何故。许允生气地说："你知道好妻子是什么样的吗？"新娘说："孝顺老人，尊敬夫君，说话和气，做事利索，而且模样也不错。前几项我都能做到，只是模样是老天生成的，我就无法了。"许允听后仍然不高兴。新娘转问道："相公，你是读书人。我问你，一个人应具有的好品德你有多少呢？"许允答："我都具备。"新娘道："好品德的第一条，就是看人要重德，你却只是以貌取人。既然第一条就不符要求，怎么能说都具备呢？"许允被新娘的口才折服了，终于改变了对妻子的态度。

机智折服法，在辩论中运用时，要靠知识和头脑，才能机智地由回答变成提问，折服对手。

●避实击虚，立竿见影

避实击虚是一种实用性很强的辩论技法。当你已经掌握了论敌的部分情况，想通过攻击对方弱点再进一步扩大战果时，运用此法可使对方一触即溃。这种方法常用于对抗性较强的法庭辩论或审讯犯罪嫌疑人。刑警初审犯罪嫌疑人，是一场心理战，特别是在尚未完全掌握证据的情况下进行突审，既是一种斗争，也是一种辩论。如果急于求成，直来直去，往往很难见效；而采用避实击虚之法，却容易撬开犯罪嫌疑人的嘴巴，促使其交代事实真相。

某市刑警队队长奉命侦破一起恶性杀人案，经过周密的调查，认定此案是两人所为，接着在某郊县抓获了一名有重大嫌疑的人犯。另一人是谁，他不肯交代。审问开始了。

警察："你知道我们是干什么的吗？"

犯罪嫌疑人："是警察！"

警察："知道我们是从哪里来的吗？"

犯罪嫌疑人："那我怎么知道？"

警察："我告诉你吧，我们是从××市两路口来的，两路口你去过了吧？"

犯罪嫌疑人："我没去过。"

警察："那就不对了，我们查了那里一家旅馆，你前几天在那里住过。"

犯罪嫌疑人："住过又怎样？"

警察："住过倒不怎样。只是那里前天发生了一起命案，你不会不知道吧？"

犯罪嫌疑人："我不知道，也与我无关。"

警察："与你的关系可大啦！"

犯罪嫌疑人："什么关系？"

警察："我们从现场找到了血衣，你家里人看过，认出是你穿走的。你想不想看一看？"

犯罪嫌疑人："不不，不看了。"

警察："看来你是个爽快人。既然这样，你该交代什么了吧？"

犯罪嫌疑人："那个司机被杀我是在场，你们总不能就说是我杀的！"

警察："那汽车上有你的指纹，你推得了吗？"

犯罪嫌疑人："反正不是我亲手杀的。"

警察："我们知道不是你一个人干的，不说出同伙只好由你一人顶罪了。"

犯罪嫌疑人："我说……是他下的手，我只是帮忙。"

警察："那人是谁？"

犯罪嫌疑人："是我表哥。"

刑警队队长就是这样真真假假、虚虚实实、旁敲侧击、话中有话，使犯罪嫌疑人的防线彻底崩溃了，不得不如实交代了这起命案的经过。

●反诘进攻，出其不意

反诘进攻，是辩论的基本语言技巧之一，它是修辞学上的反问在辩论中的运用。所谓反诘，就是从反面提出问题，用否定的疑问句来表示肯定的语气，或者是用肯定的疑问句来表示肯定的语气。反诘进攻，往往能比正面提问更有力量，更能表达爱憎之情，更具有强烈的批判和讽刺作用。很多时候，还可以用反诘转守为攻，造成心理上的优势和咄咄逼人的气势，置对方于被动的地位。

约翰·威克斯是英国 18 世纪的一位作家和政治活动家。有一天，上议员桑得韦奇当众辱骂他说："你将来不是死于梅毒，就是死于绞架。"

威克斯答道："那就要看我是拥抱阁下的情妇，还是阁下的理论了。"

威克斯使用的是"顺语反诘"的方法，他没有直接否定桑得韦奇恶毒的诅咒，似乎与他建立起一个"假"的共识，但是马上指出产生两种恶果的根源统统来自桑得韦奇本人，暗示出由于人品及思想的低下，他将来才应该死于非命。从容回答中虽不露锋芒，但回击有力，而且寓意深刻。

● 以逸待劳，捕捉漏洞

辩论是一项集知识水平、理论功底、逻辑能力、语言技巧于一身的"高雅的游戏"。辩论时，双方你来我往、唇枪舌剑，时而侃侃而谈，如行云流水；时而一语中的，似霹雳惊雷。

凭借着高超的辩论技巧、丰富的知识积累、深厚的理论功底、严密的逻辑思维不断制造一个又一个高潮。当然，在这种气氛热烈的场合，情绪激动，神经高度紧张，也难免会犯一些错误。"言多必失"，再优秀的辩手，即使是占尽了优势，也会有漏洞。

某次主题为"现代化建设中，东方文化作用大于西方文化"的辩论中，反方接连举了两个例子，都是极不恰当的："东方文化是碗，西方文化是饭，请问是碗重要，还是饭重要？""东方文化好比书中的文字，而西方文明则是精神，文字和精神哪个重要？"这两个例子看似锐不可当，实则漏洞百出。反击的方法有很多，例如："难道我的碗里非要盛你的饭不可吗？就不能盛上我自己种的粮食吗？""没有文字，你的精神在哪里看得见呢？"如此，等等。

在辩论中，一方面要守住阵地，稳扎稳打，不能贪图一时之利口不择言；或心存侥幸，妄图蒙混过关，以致给对手造成可乘之机。另一方面，对手的失误是送给我们最好的礼物，必须沉着冷静，仔细听清对手的每一句话，一有机会，立即抓住，迅速发动反击，必要的时候应该死缠不休，令其无法招架，从对手的细微失误入手，穷追猛打，不断扩展战果，使对手"千里之堤"溃于失误这小小的蚁穴。下面就给大家介绍几种捕捉对手漏洞，之后大举反攻的技巧。这一类技巧有一点像兵法所云"以逸待劳"的战术。所以我们把它们命名为"以逸待劳 —— 捕捉漏洞法"。

1. 放大法

放大法就是利用反对派论点中隐含的前提，加以扩大，推出明显荒唐的结论，却又符合对方的逻辑，使对方的论点不攻自破。

2. 无中生有法

这种方法总体来说，主要是利用对方的观点，使其向着条件外的绝对方向发展，将问题绝对化，或者故意曲解对方言论中的某些概念，人为地"凝练"出明显错误的道理或者根本不可能存在的事例来，达到驳倒对方的目的。这种技巧往往是在对方的观点正确或基本正确，从正面反驳可能性不大时，有意首先承认其观点，然后举出一项反例来"证明"之。这个"反例"就是其观点绝对化了以后的产物，通过一个绝对化的错误，证明其观点的"错误性"。

3. 引向未来法

在现实和历史无法置辩时，可以将思绪引向未来，以发展的观点立论，给予针锋相对的反驳。这种反驳是建立在科学预见的基础之上的，预见是新的思想和观念的产物。预见是在思维中出现了由因果联系构成的事物发展环链的模式，同时还从人们过去在因果联系中反复出现的现象，找到了它的规律性。可以利用一环又一环的模式化的环链，预计出最后一环出现的论断，反击论敌。

物理学家法拉第有一次在大庭广众做电磁学的实验表演。实验刚结束，忽然有人站起来高声责问法拉第："这有什么用呢？"

法拉第不假思索地回答："请问，新生的婴儿有什么用呢？"

在这里，法拉第把科学比作初生的婴儿，借此说明，科学正像婴儿必然要成长为前途无量的成年人一样将发挥巨大的历史作用，所使用的就是引向未来法。

4. 紧追法

这是一种对付辩论对手纰漏的非常常见的方法。当辩手的纰漏被我方发现时，就该反击，一路穷追猛打下去，一方面把没有能引起观众广泛注意的漏洞明显化，使人们都注意到对手的错误；另一方面使其在既不能承认其错误，又无法回避事实的情况下陷入进退两难的地步。这种方法的技巧并不是很复杂，问题主要在于要对对手的差错有绝对的把握，确信不会是有心设计的骗局，然后充满自信地拿出"宜将剩勇追穷寇"的气势来，利用已经占到的先机，直捣黄龙。

以上方法仅仅是"以逸待劳 —— 捕捉漏洞法"的一般技巧，大家可以在实战中总结出更多、更有力的方法来。

●借刀杀人，反戈一击

三国时候有一位名士，叫作祢衡。曹操很不喜欢他，必欲除之而后快，于是举荐他到昏庸暴戾的黄祖那里去。果然，祢衡冒犯了黄祖而被杀掉。这样，曹操巧借黄祖之手，既除掉了祢衡，又不担上"滥杀"的恶名。

曹操的"借刀杀人"计不可谓不高明。借刀杀人在辩论中也时常得到应用。当然我们所说的借刀杀人者并不是挑拨离间、搬弄是非的阴谋家，而是可以出神入化地运用"借刀"诘难对方，达到出奇制胜效果的舌辩之士。"借刀杀人，反戈一击"的关键点也就在于如何巧妙利用对手的论点、论据和论断过程反击对方。不管他的论点、论据和论断过程正确与否，我们统统拿来，"依样画葫芦"，把对方的言论通过我们的重新组织使之出现不可能或荒谬的情况，驳倒对方。

"借刀杀人"计在辩论中的应用与黄祖杀祢衡有一些不同。曹操借黄祖之手除去心头之恨，而我们则是要巧妙利用对手自己的"刀"，这一点是决胜的关键。其方法不一而足，但总的来说大致可以分成两种情况。

1. 仿体

仿体的基本方法是提炼出对手语言的基本结构和表达方式，然后用之于另一类事物的推论之中，得出一个能令诡辩者哑口无言的结论，从而产生出奇制胜的效果。它大致类似于我们在前面讲过的放大法，但仍有许多不同。常用的仿体式有三种类型。

第一种，诉疑型。

这种技巧的要点是：找出与诡辩者利益相关的事例；采用诡辩者使用的方法来解析事例，并仿照对方的表述形式；在论述中加入疑问的语气，显得有理、有利、有节。

A："你有点不够朋友。"

B："何出此言？"

A："你在戏院工作，完全有能力给我弄点免费票，可是你从来没干过。"

B："你也有点不够朋友吧？"

A："我怎么了？"

B："你在银行工作，完全有能力给我弄点免费钞票，但是你做过吗？"

在这个例子中，B 使用的就是诉疑型仿体技巧，即指出对方的谬误，但仍留有一定的余地。使用疑问的口气，不会使对方过分难堪。这种技巧最适用于一些需要注意把握分寸的场合。

第二种，反难型。

这种技巧要点在于：选择与对方有利害关系的事例；采用对手使用的方法解析事例，并仿用诡辩的表达形式；在论述中强化肯定的语气。

A："别穿高跟鞋，穿高跟鞋的女孩轻浮。"

B："凭什么这样说？"

A："穿高跟鞋当然脚尖颤颤，怎么能站稳？一绊到石头，自然就会跌倒，这不就是轻浮吗？"

B："那你以后不许抹头油，抹头油的男孩滑头。"

A："胡说！"

B："抹上头油当然乌发溜溜，怎么能不油滑？落上苍蝇自然会被滑倒，这就是滑头的铁证！"

这种辩论技巧的特点是用对方自身设定的逻辑来限制对方，效果要比诉疑型强烈一些，一般用于不需要留太大分寸的场合。

第三种，反责型。

其要点在于：选择与诡辩者有较强利害关系并具有可表演性的事例；以意外的可感性活动使诡辩者窘迫；采用诡辩使用的方法并仿用表述形式，对该活动做出解释。

A："洗完手再吃饭。"

B："我才不洗呢！"

A："为什么？"

B："洗净了，还会脏的，何必多此一举？所以，我不干这种傻事……喂，你拿走我的饭菜干什么？"

A：“吃饱了，还会饿，何必多此一举？所以，别干这种傻事。”

这种技巧的突出特点是兼有表演性，在行动上给对方以某种嘲弄，从而诱使他反问。对方一旦反问，便会发现自己上当了。一般来说，这种做法具有责罚、激怒和引诱的意味，只有这样，才会使对方无法按捺怒火，跳起来责骂，从而钻进设计好的圈套中。

仿体式辩论技巧的三种方法，语气从软到硬，反诘效果从弱到强，分别适合于不同的场合。因此，在实战中应当针对不同的人运用于不同的事，区别加以运用。

2. 情景构造

这是借刀杀人计的第二种情况，特点是不和对方进行直接的辩论，而是以现实或设想的情景，让他面对客观的矛盾，从而认识到所存在的错误。这就是情景构造法，它也有三种基本情况。

第一种，两难式构造情景。

许多事情如果单从本身去论，很可能要陷入僵局，若能抓住对方主要错误，构造出特别的情景，则会使之不论怎么回答，都不能自圆其说。

B 在 A 处求职，A 看似漫不经心地说：“在冬天食物紧缺的情况下，你从自然界能找到什么供人们吃？”

B 回答：“只要是人体承受得了的东西！”

A 拿起一本杂志，说：“把这本杂志切成碎纸，人体能够承受，可你会吃吗？”

B 回答：“我说的是没经人为处理的。”

A 又拿起一个核桃，说：“不经人为处理，你会连皮带壳地吞下去吗？”

B 两处受挫，只得离去。

这个例子就是两难式构造情景的具体应用。

第二种，类比式构造情景。

作家马铁丁曾经批评过一个骄傲自满的人。这个人脱离群众，但却自以为是："只有羊呀、猪呀，才是成群结队的，狮子和老虎从来都是独来独往的。"马铁丁反问道："狮子、老虎固然是独来独往的，刺猬、癞蛤蟆、蜘蛛又何尝不是独来独往的呢？"

这里利用"独来独往"进行类比，构造了一个与对方观点同形异质的情景，使他自己的观点加在自己的身上，尖锐的类比使其哑口无言。

第三种，外显式构造情景。

即把争辩的内容外显为对比式的具体情景，让听者走进情景里自己体会，会收到意想不到的效果。

"现在一切都是向钱看，不给钱的事情没人做！"

"那假如你正和女友散步，有个外地人鼻子流着血，问你医院往哪儿走，你会不会伸出手去：'你究竟给多少钱？'"

将"向钱看"外显为听者能够感觉到的形象，让他自然地参加情景思考，不但达到了引导的目的，而且还可以给人亲切、实在的感觉。

以上三种情况是情景构造法的基本形式，使用情景构造法，不仅会使问题简单化，还能在短时间内取得很好的效果。但它绝不是万能的，具体运用时要注意：情景构造法针对那些明知错误仍偏要与人诡辩或强辩的人；构造的情景要有一定的真实性，虽然不一定是生活中发生过的，但必须是可能发生的事情，漫无边际的主观臆造，就会显得非常做作，而使情景构造法失去应有的作用。

●欲擒故纵，诱敌深入

古希腊著名哲学家苏格拉底擅长雄辩，他常常拿出问题向别人请教，当别人回答时，他就顺势就着答案加以反驳，把对方逼到一个自相矛盾的角落里去，无力回身再战，此刻，水到渠成，再把自己的道理说出来，不仅胜人口，而且服人心。

有一天，苏格拉底走到市场上，突然，他一把拉住一个过路人说道："我有一个问题弄不明白，向您请教。人人都说要做一个有道德的人，但道德究竟是什么？"

那人回答："忠诚老实，不欺骗人。这就是公认的道德行为。"

苏格拉底问："您说道德就是不能欺骗人，但和敌人交战的时候，我军将领却千方百计地去欺骗敌人，这可以说成是不道德的吗？"

"欺骗敌人是符合道德的，但欺骗自己人就不道德了。"那人说。

"与敌人作战时，我军被包围了，处境困难，为了鼓舞士气，将领就欺骗士兵说，我们的援军到了，大家奋力突围出去，结果成功了。这种欺骗能说是不道德吗？"苏格拉底接着发出反问。

那人回答："那是在战争中无奈才这样做的，我们日常生活中就不能这样。"

"我们常常会遇到这样的问题，"苏格拉底停顿了一下问道，"儿子生病了，却又不肯吃药，父亲骗儿子说，这不是药，而是一种好吃的东西。请问这也不道德吗？"

那人只好承认："这种欺骗是符合道德的。"

苏格拉底又问："不骗人是道德的，骗人也可以说是道德的。那就是说道德不能用骗不骗人来说明。那究竟用什么来说明呢？还是请您告诉我吧。"

那人被弄得无可奈何，只好说："不知道道德就不能做到道德，知道了道德就能做到道德。"这恰恰就是苏格拉底所要说的。苏格拉底在这里就采用了欲擒故纵的技巧，使路人说出了苏格拉底想说的道理。

从理论上说，两点之间，直线最短，但通常辩论时最直接的方式并不能收到最好的效果。辩论中往往要采用一些"迂回"的计策，"以利引诱敌人，使一向趋之，则我虽远隔千里，亦可擒杀敌将"。在言谈辩论中，如果目的难以直接实现、陷入僵局之时，就应该采用先退一步、改换战场、诱敌深入迂回击之的方法。这种方法意在诱敌以灭之，实战中具有重要意义。一方面早有准备、胸有成竹，应用起来从容不迫，一般都能收到较好的效果；另一方面因为对方是在自以为得计的情况下冒险出击，心存胜算，往往毫无顾忌，所以一旦被迎头痛击，很可能会方寸大乱、一败涂地。

●聆听其言，揭示矛盾

在辩论过程中，对方发言往往会出现前后矛盾的情况。此时，如能抓住矛盾予以揭露，往往能使对方哑口无言，有口难辩。这种方法就是揭示矛盾法。请看一则案例。

有一起凶杀案，犯罪嫌疑人用毒药毒死了自己的丈夫，伪称丈夫中风，在送医院急诊中抢救无效死亡。由于群众怀疑其死因，公安机关进行了尸检，证明是氰化钠中毒死亡。

警察问："你丈夫为什么突然死亡？"

嫌疑人答道："是脑出血死亡。"警察把其丈夫中毒死亡的法医鉴定结论告诉她，问她有什么看法。她装着很悲痛的样子，大声哭闹，声称要政府为她丈夫报仇，把投毒杀人的犯罪嫌疑人查出来，严加惩办。

过了一会儿，警察继续审问。

问："你家有几口人？"

答:"两人。"

问:"你看谁可以投毒,有谁到过你家?"

答:"丈夫死的头一天,有个叫王效的到过我家,我看是这个人投的毒。"

问:"为什么他要投毒?"

答:"他和我有男女关系,毒死我丈夫,他就可以和我结婚。"

问:"他怎样投毒,你知道吗?"

答:"不知道。"

问:"和你商量过吗?"

答:"商量过。"

问:"为什么和你商量过你又不知道呢?"

这时被讯问人无法解释,低头不语,沉默一会儿又答道:"我只看见毒药装在一个小瓶子里,但不知道是怎样投的毒。"

警察又问:"这个男人住在哪里?"

答:"不知道。"

问:"你们关系这么密切,都要结婚了,怎么还不知道他的住址呢?"

答:"那个男的没有把地址告诉我。"

当警察把调查本城十几个同名王效的人都无作案条件的情况告诉她时,她无言可答,最后不得不交代自己用氰化钠毒死丈夫的罪行。

这则案例中,犯罪嫌疑人多次违反矛盾律,自露真情。第一,她先肯定是脑出血死亡,继而又大哭大闹要政府惩办凶手;第二,在审讯时,犯罪嫌疑人既说出是王效投的毒并且还和她本人商量过,又说自己不知道王效如何投毒;第三,犯罪嫌疑人反映的情况与警察调查到的客观事实不符,因为所有叫王效的人都无作案条件,根据矛盾律,犯罪嫌疑人肯定在弄虚作假、提供伪供。

上述案例，犯罪嫌疑人之所以被问得哑口无言，都是由于自己做贼心虚，供词漏洞百出，警察又善于抓住矛盾，及时揭露，才使他们不得不低头认罪。运用揭示矛盾法的关键是细听对方发言。只有细听才能听全，只有听全才可以发现全过程中暴露出的矛盾，才有东西可揭示。同时，要学点逻辑知识，最起码要懂得形式逻辑三定律，不然，矛盾摆在眼前，也会看不出、识不破，更谈不上揭示。揭示矛盾法应用很广，它不仅运用于侦查审讯，而且适用于所有辩论活动。如果你能认真地学习它并能灵活地应用它，必将使你的辩论水平和说服水平大有提高。

●权衡利害，明辨得失

在辩论中，有时争辩的核心问题往往是关于某一事物的利与害、得与失的问题，而趋利避害是人的天性。根据这个特点，我们在涉及这一类辩题的辩论中，可以针对对方的不同观点，喻之以利，晓之以害，让对方在权衡利害得失关系后，放弃其错误主张，使之与辩者的观点趋向同一，从而中止对方行为。这就是"晓以利害"的辩论技法。

在辩论中运用"晓以利害"法，要注意以下三点。

1. 洞悉利害，成竹在胸

在辩论中要顺利地运用"晓以利害"技法，首先要求辩者自己对所辩问题中的利害得失有深刻的了解。只有真正洞悉其中的利害关系，才能胸有成竹，有针对性地向对方"晓以利害"，从而打动对方，取得共同的认识。

2. 权衡利害，角色认同

在辩论中运用"晓以利害"技法，就是把事物的利害关系摆在对方面前，做出一番权衡，启发诱导对方，克服短期行为，放弃眼前利益，自觉地服从全局利益和长远利益。同时，"晓以利害"也要注意讲话的角色。每个人都以一定的角色说话，如果站在了对立的立场上，即使费尽口舌分析其利害关系，也是无济于事的。相反，及时转换角色，以"自己人"的角色出现，再陈述利害关系，便很容易说服对方。

3. 化害为利，辩证思考

辩证唯物主义认为事物的"利"与"害"之间既是互相对立的，又是互相依存的，并且在一定条件下还有可能互相转化。基于这个认识，我们在辩论中运用"晓以利害"的技法，还应该多进行辩证思考，对事物的利害关系进行辩证分析，能够做到在利言害、在害思利、趋利避害、化害为利。那么在辩论中就一定能高屋建瓴、奇招迭出，掌握辩论的主动权，取得辩论的胜利。

总之，趋利避害是人的需求的心理表现，这是"晓以利害"辩论技法的理论基础。在辩论中如果我们能洞悉辩题所涉及事物的利害关系，并对这种关系进行透彻的辩证思考分析，帮助对方权衡利害、明辨得失，就一定能让对方放弃错误观点，做出正确的抉择。当然，运用"晓以利害"技法也需要调动感情因素，既"晓以利害"，又动之以情、在情在理，这样才更能影响人的行为。

●对立引申，巧中取胜

辩论是不同思想观念之间的交锋，具有极强的对抗性，而一个高明的辩论者往往能从对方所提供的前提中引申出截然不同的结论，使辩论充满更为迷人的对抗色彩。这里所介绍的正是从某一前提中引申出尖锐对立结论的若干方法。

1. 从立场对立引申

对同样一件事物，各人所处的立场观点不同，就有可能对该事物获得尖锐对立的结论。比如，小王开的客车车号为"16444"，朋友见了，对他说："你的车牌号读起来是'一路死死死'，太不吉利了，应换个车牌号！"小王当即反驳："不对！我的车牌读起来应该是'多拉发发发'！这不是大吉大利的吗？"从自然数的角度去认识这个车牌号，它的谐音是"一路死死死"；而从音乐简谱的角度去认知，得出来的结论却是"多拉发发发"！

2. 从虚无对立引申

一些协定、条约甚至法律，对某一问题没有涉及，当论敌根据法律条约没有对某一问题做出否定而引申出可行的结论时，同样我们也可以根据法律条约没有对该事物做出肯定而引申出不可行的结论，与论敌构成尖锐的矛盾对立。

请看一则关于房屋纠纷案的法庭辩论。

原告律师："30平方米的一般民房，每月租金800元，不公平，请法庭判决降低租金。"

被告："法律并无明确规定禁止约定高租金，这是两相情愿的事。"

原告律师："那么，被告作为出租方为何要撵走原告请来暂住几个月的母亲呢？"

被告："合同并无此项规定，法律也没有明确规定允许承租人之外的第二人住进承租房。"

原告律师："我归纳一下被告的观点：关于租金，依你说，凡法律没有禁止的都是允许的；关于原告母亲同住承租房，凡是法律没有明确允许的都是禁止的，对吧？"

被告："可以这么说。"

原告律师："那么，法律并未明确允许你高价出租房屋，就是属于禁止的；法律并没有禁止承租人之外的第二人暂时陪住，这种暂时陪住就是允许的。怎么样，你自己的观点和自己的观点打架了吧。其实，本案的关键在于房价过高有失公平，是法律的公平原则所禁止的。"

原告律师在这里使用了虚无对立的方法与被告构成尖锐的对抗。

3. 从变换语序引申

通过变换某一语句的语序从而得出与对方针锋相对的结论。

两个小朋友在盛开玫瑰花的公园中辩论。

甲:"看,这里所有好看的花都长在刺丛上,一点也不好玩!"

乙:"不对!你看,这里连所有的刺丛上都开满了好看的花,真是个好地方!"

语序不同,结论尖锐对立。

4. 从可能性对立引申

关于某一事物的未来发展往往会有不同的可能性,因而我们可以针对辩论对手关于某一事物未来可能情况的论断,反其道而行之,从中选择截然相反的可能性而与之构成对抗。

萧伯纳成名后,一位著名的舞蹈家向他求婚说:"如果你同我结婚,我们生下的孩子将像你一样聪明和像我一样漂亮,那该是多美呀!"

萧伯纳以他特有的风趣回绝了她:"如果我同你结婚,生下来的孩子长得像我一样难看,头脑像你一样愚蠢,那该多可怕呀!"

男女结合生下来的小孩到底像谁,有不同组合的可能性,萧伯纳选择了与对方相反的可能性,得出了尖锐对立的结论。

5. 从模糊对立引申

自然语言在很多场合下往往是含混、模糊的,不同的人可以做出不同的理解,因而我们有可能针对一些模糊的语句从中引申出针锋相对的结论而与辩手构成对抗。请看《吕氏春秋·淫辞》中所载的一则辩论。

秦国和赵国订了一个互助条约，条约规定："从今以后，秦要做什么，赵就帮助；赵要做什么，秦就帮助。"过了不久，秦发兵攻打魏国，赵欲救魏国。秦王很不高兴，派使者责备赵王说："条约规定，'秦要做什么，赵就帮助；赵要做什么，秦就帮助'，现在秦要攻打魏国，而赵欲救魏国，这不符合条约规定。"赵王把平原君找来问计，平原君又转问公孙龙，公孙龙说："也可以派一位使者去责备秦王，对秦王说：'赵欲救魏国，现在秦王不来帮助赵救魏国，这也不符合条约的规定。'"

秦国与赵国订立的条约是模糊、含混不清的，公孙龙便从中引申出与秦王针锋相对的结论来与之抗衡。

6. 从二难对立引申

即从论敌提供的二难前提中引申出与对方截然相反的结论来与之对抗。具体做法是将前提中两个条件命题的后件互换位置并分别否定。

某旅客住在旅店里，忽然天下起了大雨，他发现室内漏水厉害，便打电话给经理请派人来修理，经理却振振有词地说："对不起，先生。天下雨，没法进行修理；而如果天晴，那也就没有修理的必要了。"旅客当即反驳："不对！下雨，就有修理的必要；天晴，就有修理的可能！"

7. 从类比对立引申

类比论证的结论是或然性的，有时可用类比的方法从某一共同前提中得出互为对立的结论。

某人整天喝得烂醉如泥，有一天他却对人吹嘘道："多喝酒可以长寿，你们没看见把肉放在酒精中可以保存更长的时间吗？"有人反驳："我说你这样酗酒会短命，你没看见盖酒坛的布很快就会烂掉吗？"

同样是针对"多喝酒"这一前提，由于用来类比的事物不同，结论便截然相反。

8. 从因果对立引申

因果联系是客观世界普遍联系的形式之一，并且是复杂多样的。有时一种原因可引出多种结果，即一因多果；有时一种结果可由多种原因引起，即一果多因。因果对立就是根据事物之间的因果联系引申出互为对立的结论。因果对立可以由某种结果推断出互为对立的原因。

有一天，千户长来到阿凡提家，阿凡提的狗一声不响地溜进了窝。千户长便说道："你看，你的狗多怕我，看见我不敢吠一声便溜进了窝。"

阿凡提反驳道："老爷，你说得不对，这狗不是因为怕你，而是因为讨厌你哩！"

狗为什么不吠一声就溜进了窝？千户长得出是因为狗怕他的结论，而阿凡提则针锋相对得出不是因为狗怕他而是因为讨厌他的结论，这就有力地讽刺了千户长的可恶可憎。

因果对立也可以由同一种原因引申出互为对立的结果。

有一次，萧伯纳的脊椎骨出了毛病，需从脚上取一块骨头来补脊椎缺损。手术做完后，医生想多捞些报酬："萧伯纳先生，这是我们从来没有做过的新手术啊！"萧伯纳笑着："这好极了，请问打算给我多少试验费？"

由同一种从未做过的手术为原因，医生因为其难而得出应多给报酬的结果；萧伯纳则以自己的身体成了试验品而得出了应付给试验费的结果，互为对立。

能够从同一前提中引申出互为对立结论的方法还有许多。但是这互为对立的结论到底孰是孰非，这就要具体分析，并通过实践来检验。

请看《韩非子·外储说左上》中记载的一则辩论。

有个叫虞庆的人准备盖新房。匠人说："现在还不行，因为木料是生的，泥土太湿。生的木料易弯曲，湿的泥土则太重。以太重的泥土加在易弯曲的木料上，刚做好时还可以，不久便会倒塌。"

虞庆反驳说："你说得不对！木料现在是生的，它随着越来越干就会越来越直；泥土是湿的，它随着越来越干就会越来越轻，以越来越直的木料承担越来越轻的泥土，房子肯定不会倒塌！"

匠人辩不过虞庆，只好奉命而行。房子刚落成时还好，不久果然倒塌了。尽管虞庆说得头头是道，但实践无情地证明了他的论断是荒谬的。

●指桑骂槐，双关反驳

交际场合或辩论过程中，尤其是在针锋相对、气氛热烈甚至略微带一点火药味的情况下，面对对方凌厉的语言攻势，可以采用"明里说一，暗里说二"的方法，把深刻的道理寓于发人深省的比喻、回味无穷的幽默当中，绵里藏针，杀机暗伏。这就是我们要向大家介绍的"指桑骂槐，双关反驳"法。这种方法既能保持风度，又可以置对方于无可挽回的败地。

从前，有个县官带着随员骑着马到王庄去处理公务。走到一个岔道口，不知朝哪边走才对。正巧一个老农扛着锄头走来，县官在马上大声问老农："喂，老头儿，到王庄怎么走？"那老农头也不回，只顾赶路。县官大声吼道："喂！"老农停下来说："我没有时间回答你，我要去李庄看件稀奇事！""什么稀奇事？"县官问。"李庄有匹马下了头牛。"老农一字一板地说。

"真的？马怎么会下牛呢？"县官百思不解。老农认真地回答道："世上的稀奇事多哩，我怎么知道那畜生不下马呢？"

老农借字面的"畜生"，斥责连做人常礼都不懂的县官。这是一种明言此、暗言彼，指桑骂槐的双关讽刺手法。

双关的运用具有模仿性、类比性、幽默性，故而在实践中运用这一手法时，要注意以下几个问题。

1. 高雅纯正

在使用这一手法时，要坚持文明表达、以理服人的原则。格调高尚文雅，内容纯净正派，要以德胜人、以理服人，切忌粗俗低级。虽然丑陋不堪也有可能凭一时口舌之利占到上风，但泼妇骂街式的所谓"双关"令人不齿，是十分不可取的。

2. 隐藏幽默

这是双关技巧的第一生命。含而不露，幽默横生，是运用这种手法的基本要求，如果忽视了这最为重要的一点，就会失去风趣、讥讽和辩论的力量。幽默好比软鞭子，抽在身上，皮肤不留痕迹，但可以伤及骨肉，刺痛对方心理，使其言辞混乱、穷于应付，甚至还有可能使对方陷入自相矛盾而不能自拔的尴尬境地。所以，寓幽默于双关，寓驳于笑，是双关技巧成功的秘诀之一。

3. 切中要害

在辩论中，不仅要善于捕捉对方的隐衷、企图，更要善于发现对方的破绽、矛盾，抓住要害，重重一击，置之于乱处，使之张口结舌、无言以对。同时更要充分发挥联想、模拟的作用，加大辩论力度。

4. 沉着冷静

有句话说得好："不要同疯子争吵，否则人们会分不清谁是疯子。"也就是说有理不在声高，气势汹汹，未必言之有理。对于对方挑衅性的言辞或咄咄逼人的气势，我们既不能被其吓倒，也不可以同样气势汹汹地摆出一副与之对骂的架式来。要始终保持良好的举止修养，彬彬有礼中却寸步不让，和风细雨却伤人于无形。所以在使用这一技巧时，也要巧妙地把自己的道理寓在其中，这样才能更有说服力，更富战斗性。

● "点穴"制胜，炉火纯青

街道上，一位中年人骑车靠边慢行，不料被迎面急驶来的青年撞倒了。按理说，青年应该赶紧去扶起倒地人，赔个礼，若伤了，带到医院包扎一下就可得到谅解了；可他却怪中年人骑车不注意，没让他。这样便引起了争执，招来大群围观者。青年口口不让人，当他听到个别人起哄更来劲了，居然挑衅："你有什么了不起！"那中年人仍没生气，只是回驳道："你是看我没什么了不起才撞我的？照你这样说，我要是同你一样年轻，又比你粗壮，撞倒你又不向你赔礼才算了不起吗？"两句话，呛得青年脸色赤红，支支吾吾说不出话来。青年推着车子，钻出人群，跨上车一溜烟跑了。

青年振振有词，气势逼人，却经不住这两句话一逼。"树怕挖根，人怕揭底"，舌战中进行"点穴"可以从哪些方面入手呢？

1. 析其心而点穴

舌战的主要工具是语言。而语言"每时每刻都是传达人们思想的"，任何人的思想都是包含在语言中，显现在人们面前。察言知行，言为心声，通过语言便可知晓说话者的心理情况。因而，舌战过程中，若能据言判行、剥表抓实、"对心下针"，定会立刻奏效的。

2. 撮其要而点穴

"撮要"就是指舌战中去寻找并抓住能致敌落败的关键性话题。然而，起关键性作用的话题又有大小之分。

所谓大的关键性话题，就是指争论的焦点。任何一场舌战的发生都有一个引爆点，如因讨论一个问题而意见相左等。而只要争论起来，双方都会全力使用材料来证明理在自己这一边。但是，总会有人因思考、逻辑、语言等方面的原因，扶不直自己的理；或有时像是"扶直"了，但换一个角度看，却很脆弱。向这样的"要害部位"出手，常常能收到点"死穴"的效果。

3. 截其话而点穴

这是一种轻便直接的取胜方法。突发的争论多是此一句、彼一句你来我往地进行的。连续争论中，一旦一方发现对方因语言不周密而"没关严门户"，就可随处堵截、及时"出口"，定会立时收效。

"点穴"的方法当然不限于这几种。在任何场合下，只要是能凭借四两力气拨去千斤阻碍，迅速克敌制胜，都不失为好的"点穴"方法。舌战中，为更好地发挥"点穴"法的威力，同时还必须注意以下几个方面的问题。

第一，要保持冷静，要会制怒。

人在心平气和时，思考才能集中、清晰、敏捷而合逻辑，各种精神机能才会完全自如、不受纷扰地在活泼的状态下发挥其最大的功能。而一旦因对方的话而激动甚至愤怒，就会说出无法挽回的话，使自己处于被动地位。要切记，"心安"才能"理得"。

第二，要认真听辨。

辩论是言来语往的。一句话听不清就会失去一次反击的机会；一句还没辨明就反击会成为"要害"而资敌了。对长篇驳辩更应认真听辨，才能抓住事或理或逻辑的漏洞。即使为激怒敌方而显出悠然、冷然及不屑神态，耳脑还是需"认真"的。

第三，语言要简洁明晰。

辩论中"点穴"，应"辞，达而已矣"。若是"悬河而倒"、滔滔不绝，很可能会因"出言不当，反自伤也"。语言简洁明晰，集力量于一点，会收到匕首投枪的作用。

明代冯梦龙说："两舌相战，理者必伸；两理相质，辨者先售。"舌战中能否最大限度地发挥"点穴"的威力，首先要看是否占理，当然还要取决于使用者的胆识、察变、敏捷及能否"片言居要"等诸方面的能力的综合。"点穴"法使用纯熟了，大的方面能"一言而或重于九鼎，单说而或强于十万师"；小的方面能"谈言微中，亦可以解纷"，于人于己都有益处。正由于这个原因，学会在辩论中使用"点穴"的方法是十分必要的。

第五章 CHAPTER FIVE

即兴演讲张嘴就来

☼ 演讲的语言要求

在我们的工作中，演讲是很常见的一种工作形式。然而，有的人的演讲让人记忆犹新，有的则让人淡忘已久。效果之所以不同，就在于语言的运用。因此，要使演讲成功，我们必须注意语言上的要求。

●口语表达应具备较好的声音

古今中外，很多有巨大成就的人，都十分重视演讲的口语表达艺术，并刻苦训练以努力提高自身的口语表达能力。

古希腊德摩斯梯尼，为了克服演讲发音不清晰的先天毛病，经常嘴含石子发奋苦练，终于成了著名的演说家。美国总统林肯、日本首相田中角荣，他们也重视演讲口语表达训练，迄今被人们传为佳话。孙中山、毛泽东、周恩来等伟大人物演讲的口语表达能力，也都达到了炉火纯青的境地。

在现实社会生活中，我们常常看到这样的情形，有的人演讲时，讲稿并不十分理想或根本没有讲稿，只因掌握了口语表达技巧，具备训练有素的口语表达能力，讲起话来就有声有色，令人鼓掌喝彩。可有的人却不然，稿子写得并不差，可经他一讲，不是哼哼哈哈，就是重复啰唆，令人生厌，其主要原因就在于他们不重视口语表达艺术，不具有良好的口语表达能力。可见，口语表达能力的高低直接影响到演讲的成败。

1. **声音正确清楚**

为了有效地表达出演讲者的思想情感，首先要求吐字正确清楚。如果发音不对，听众就不知其所云。

要达到正确清楚的标准，需从两方面努力：一是要正确运用发音器官。发音器官是一个有机的整体，这些器官在发音过程中只有协调配合，才能形成正确清楚的语音。二是要注意会场空间的大小和扩音器的使用。演讲者一定要视会场空间的大小来控制自己的声音，使每个听众都能听得清楚明白。使用扩音器也要注意保持距离适度。

2. **声音有力、耐久**

演讲的声音除了要符合上述要求外，还需要有力、耐久。为此，演讲者一定需要克服喃喃自语的演讲习惯，在演讲的时候，要有力度，让人感受到鼓舞和振奋。声音如果没有力度，就无法起到感染听众的作用。

此外，演讲时，声音还需要持久。有的演讲者开始演讲的声音还可以，比较有力量，但慢慢地，越讲越没劲了。这种有始无终的声音，必将大大削弱整个演讲的效果，听众会对演讲者的自信心表示怀疑，进而怀疑演讲的内容。演讲的嗓音是否优美，直接影响到演讲的效果。演讲的嗓音运用有其内在的规律，经过训练是可以提高的。

● **口语表达应注重郑重性**

演讲的郑重性具体表现在口语表达方面，则是选词用语规范、恰当，重音、停顿、速度、节奏使用适当，语言中肯有力，语调和谐自然。

选词用语规范、恰当，主要是指用词准确、恰当，用语合乎语法，符合逻辑。演讲者选词用语不仅要从词语的意义、感情色彩和语法特点等语言因素上斟酌推敲，而且要从国家政策、演讲者身份、讲话场合等因素上考虑，使演讲的语言规范、严密。反之，使用生活中的一些俗语，信口开河地乱讲一通，就会失去口语表达的郑重性。

重音、节奏、语调等方面，也是体现演讲者演讲口语表达郑重性的重要因素。在演讲中，常常出现以下一些有失郑重的口语表达现象。

第一种是演讲的口语表达没有重音，任意停顿，讲话的速度很快，像"连珠炮"似的；节奏过于紧促，整个演讲就显得慌里慌张。出现这种情况的主要原因就是不能恰当地控制口语表达的重音、停顿、语速和节奏。

第二种是口语表达的语言轻浮，乱用语气词，口头语过多，不是"哼、哈"，就是"嘛、啊"。有人曾对某位演讲者的这种毛病做过统计，竟然在 10 分钟演讲之内，说出 150 多个"啊"字，平均 4 秒钟一个，这样一来破坏了语言的一般规范，肢解了语句的意义，必然会使演讲失去口语表达的郑重性。

第三种是不能正确运用语调，语调没有起伏变化，平淡而无声色，甚至故作姿态、耍弄花腔、怪声怪调。

以上这三种不良现象，势必会影响演讲者演讲的郑重性。

● 善用幽默的表达方式

幽默、风趣的语言能够增强演讲的表现力，既能深化主题，又能使演讲的气氛轻松和谐；既可调整演讲的节奏，又可使听众消除疲劳。

美国前总统里根在演讲时，就善于运用风趣幽默的语言来赢得观众甚至对手的称赞。

在竞选总统时，里根在与蒙代尔的一次电视辩论中，曾就年龄问题进行辩论。里根深知自己 70 岁高龄在竞选中是一大障碍，当一名记者既尖刻又彬彬有礼地询问里根总统是否过于年迈、不宜当总统时，里根满怀信心且微笑了一下，回答说："我希望你能知道在这场竞选中我不愿把年龄当作一项资本，我不打算为了政治目的而利用我对手的年轻和缺乏经验。"这一令人生畏的简短妙语，使蒙代尔意识到自己为竞选所做的四年努力在电视屏幕上已付之东流了，他无可奈何地笑了一下，仿佛他的年轻又成了竞选总统的一大障碍。里根靠这次幽默机警的对话赢得了选民的支持，为他的竞选扫清了障碍。

●口语化

所谓口语化，就是要求演讲者的演讲，语言要"上口""入耳"。"上口""入耳"是对演讲语言的基本要求。"上口"是对"说"方面的要求，就是讲起话来与平常说话没有什么差别；"入耳"是"听"方面的效果，叫人听起来没有什么语言障碍，如同平时说话一样顺当。所以演讲者的演讲要经得起说与听的考验。

这里所说的口语化，并不是日常口头语的复制，而是经过加工提炼了的具有规范化、逻辑性的口头语言。比如有些演讲者的即兴讲话，常常出现重复、啰唆、零乱、模糊和用词不当、词不达意、词语搭配不当以及音节拖沓、脱落、停顿、习惯上的口头语等问题，是不符合口语化规则的。为了使演讲口语化，要注意把握以下几点。

1. 尽可能地使用短句

句子过长，讲起来费劲，意思不好把握，听起来也感到紧迫、令人费解。例如："我们不能不从实际出发，尤其应考虑到这个地方经济落后的因素来制定政策。"如果改成："我们要从实际出发，尤其是要考虑到这个地方经济落后这个因素，来制定政策。"这样一改，读起来"上口"，听起来"入耳"。

2. 改倒装句为正装句

倒装句是一种积极的修辞方法，具有强调某种成分的作用。但有的倒装句在演讲中显得很别扭，不够"入耳"，改成正装句后，就容易为听众所把握。例如："在工作没开始的时候就被困难吓倒，是没有勇气的人。"如果把这句话改为："没有勇气的人，在工作没开始前就被困难吓倒了。"

效果就会好很多。

3. 改换或删掉听不明白的文言词或成语

演讲者用声音来交流感情，而文字的字形不起媒介作用。如果在演讲中掺杂一些不便于听的或听众不熟悉的文言词或成语，听众听起来就会吃力，从而影响效果。这样，就必须斟酌使用，如"宜于"可改为"适合"，"即"可改为"就是"，"何其相似乃尔"可改为"这是多么的相似啊"等。

4. 改单音词为双音词

因为单音词声音短促，不容易听清楚；双音词声音存在的时间长，留给听众的印象深。因此，演讲中的单词要尽可能地改用双音词。如：曾——曾经、已——已经、恰——恰好（恰似）、因——因为、若——倘若（如果）、应——应该、时——时间（时候、时刻、时节）。

5. 改生僻的词为常用的词

所谓生僻的词，主要指不常用的、意思晦涩的词。演讲中要特意把它们改成常用的、现成的词。例如：奔驰——奔跑、诅骂——咒骂、驳诘——驳斥、喧杂——嘈杂、恒久——永久，等等。

6. 不用生造的、怪模怪样的词

生造的词是指个人生编硬造的、不合实际也不合汉语规律的词。如"绪思""壮采"等。叶圣陶先生说："这些怪模怪样的词语，是语言里头生造的东西，是意思里头不合用的成分……生造词好比私印的钞票硬拿到市场去流通。假钞票不起交换作用。"

7. 用明白的语言解释难理解的术语

我们在演讲时，常常会用到一些专业术语和比较抽象的科学概念。怎样把它们解释明白，这就是语言的通俗化问题。一是要注意用浅显易懂的形象事物解释抽象的概念；二是用举例来说明听众陌生的事物；三是用对比的手法解释某种现象。

●简洁明快

语言是传递信息和交流思想的工具，演讲者的技巧和表现手法主要体现在语言的运用上。在当今的信息时代，人们的生活、工作节奏大大加快，就更需要用简洁、准确、明晰的言谈。简洁、明快地运用语言，对演讲者来说，尤为重要。

历史上不少演讲大师惜字如金、言简意赅，留下了许多美好的篇章。

1863 年 11 月 19 日，林肯总统在葛底斯堡国家阵亡将士墓园落成仪式上发表了一篇著名演讲。那天的主要发言人是享有盛名的演说家爱德华·埃弗雷。他的演讲长达两小时。林肯的讲话只有 10 句话，花了两分钟，但效果极佳。林肯的演讲稿内容如下：

"87 年前，我们的先辈在这个大陆上创立了一个新国家，它孕育于自由之中，奉行一切人生来平等的原则。

"我们正从事一场伟大的内战，以考验这个国家，或者任何一个孕育于自由和奉行上述原则的国家是否能够长久存在下去。我们在这场战争中的一个伟大战场上集会。烈士们为使这个国家生存下去而献出了自己的生命。我们来到这里，是要把这个战场的一部分奉献给他们作为最后安息之所。我们这样做是完全应该而且非常恰当的。

"但是，从更广泛的意义上说，这块土地我们不能奉献，不能圣化，不能神化。那些曾在这里战斗过的勇士，活着的和去世的，已经把这块土地圣化了，这远不是我们微薄的力量所能增减的。我们今天在这里所说的话，全世界不太会注意，也不会长久地记住，但勇士们在这里所做过的事，全世界却永远不会忘记。倒是我们这些还活着的人，应该在这里把自己奉献于勇士们已经如此崇高地向前推进但尚未完成的事业。倒是我们应该在这里把自己奉献于仍然留在我们面前的伟大任务——我们要从这些光荣的死者身上吸取更多的献身精神，来完成他们已经完全彻底为之献身的事业；我们要在这里下定最大的决心，不让这些死者白白牺牲；我们要使国家在上帝保佑下自由地新生，要使这个民有、民治、民享的政府永世长存。"

现在，爱德华·埃弗雷的两个小时的演讲早已被人遗忘，而林肯那铿锵有力的演讲，则难以被后人忘怀，成为世界上不朽的文献之一。

林肯成功的关键之一，就在于语言简洁、明快，一下子抓住演讲的中心，用简洁的语言表达出了深刻的内涵。

林肯演讲的成功，给了我们这么几点启示：

一是要想达到语言简洁、明快，就要对演讲词反复推敲，千锤百炼。

二是要熟练地运用演讲这门艺术的逻辑力量。

演讲不是表演，演讲的逻辑力量远远超过表演式演讲的艺术效果。在林肯的演讲词中，演讲的中心思想贯穿始终，具有强有力的逻辑力量。

三是内容要集中，文辞朴实精练，没有任何多余的修饰成分。

正如葛底斯堡献辞仪式举行之后，演讲家爱德华·埃弗雷给林肯的信中说的那样："我花了两个小时才刚刚接触到的主题，您几句话就表达到了……"

语言的简洁，具有无限的魅力。演讲者在演讲时，要把追求语言的简洁、明快、中肯、准确，作为有效演讲的重要手段之一。

●情感真挚

在演讲时，我们不仅要考虑到演讲的形式、内容以及内在的哲理对演讲效果的作用，还要考虑到演讲的对象是人，所以演讲要以情动人。听众最忌讳演讲者在演讲中盛气凌人，动辄训人，也不喜欢听空洞、干巴的大道理。听众喜欢的是演讲者自己的真情实感。

那么，演讲者的真情实感从何而来呢？它不是凭空而来的，也不是故作姿态、逢场作戏，它只能来自实际生活，来自切身的感受。作为演讲者，要想打动听众，他首先必须打动自己。只有通过感情才能发现对方、发现自己，从中找到共同的东西，产生心理"共振效应"。

1917 年 5 月 14 日，一场演讲正在进行着。在演讲台上，一个身材矮壮的人正在慷慨陈词，他时而在讲台上来回走动，时而有力地挥动双臂，时而俯身，时而后仰，那激昂的声调、适当的动作，给人以无尽的感染力。

他，就是伟大的思想家、革命家、政治家、著名的演说家列宁。列宁的演讲可谓独树一帜，不仅演讲的内容结构严谨，论证清晰、有力，善于抓住关键，而且语言通俗易懂、生动形象、一针见血。而最重要的还不是这些，是他饱满的激情和内在的力量。对无产阶级革命必胜的信心，对敌人的蔑视，对人民的爱，是他的激情和力量的源泉。因而在演讲中，他总是那么热情洋溢、精神振奋。同时，他也善于借助自己的一言一行将自己的满腔激情灌输到每一个听众的心里。

列宁的激情，没有丝毫的矫揉造作的成分。他的演讲也不以美丽的辞藻来哗众取宠，不以无病呻吟来博取同情，而是以自己坚强的信念和执着的追求以及对是非功过的正确认识来激励、鼓舞群众，号召他们起来斗争。

美国的麦克阿瑟不仅是一位叱咤风云的军事统帅，而且还是一位富有激情的演讲家。他的几次著名的精彩演讲，都是饱含激情，使听众热泪盈眶，回味无穷。如他在 1951 年他的 52 年军事生涯之际，应邀在国会的联席会上发表《老兵不会死》的著名演讲中说："我就要结束我 52 年的戎马生涯了 …… 我孩童时期的全部希望和梦想便实现了 …… 但我仍然记得那时军营中最流行的一首歌谣中的两句 ……"他饱含深情的演讲，博得了参议员和众议员们经久不息的雷鸣般掌声，许多国会议员和在收音机、电视机前收听收看的听众与观众都热泪盈眶。

1962 年，82 岁高龄的麦克阿瑟回到他曾经学习和工作过的西点军校，面对学员进行了他最动人，也是最后一次公开演讲。结束时他说道："我

的生命已近黄昏……我昔日的风采和荣誉已经消失……我尽力但徒然地
倾听着，渴望听到军号吹奏起床号时那微妙的迷人的旋律……我耳畔回
响着，反复地回响着，责任、荣誉、国家……"麦克阿瑟这一席充满激情
的演讲，使在场的学员们为之动容而久久不能自控。他们想着"责任、荣
誉、国家"这几个字的意义和分量。

一个演讲家如果讲话华而不实，只追求形式漂亮，是难以使听众信
服的；如果感情不真切，也难以使听众倾心、与之共鸣。李燕杰说得好：
"在演讲和一切艺术活动中，唯真情，才能使人怒；唯真情，才能使人怜；
唯真情，才能使人笑；唯真情，才能使人信服。"

●对演讲内容事先保密

1952 年 9 月 23 日，尼克松在电视上回答媒体对他的诬告，说他把用
于办公开支的政治基金用到个人福利上了。此时要求将尼克松从候选人名
单上退下来的呼声一浪高过一浪。

当时，新闻媒体追赶着尼克松的助手，要求回答尼克松"是继续当候
选人，还是退出竞选"。尼克松让助手回答，他还没有做出决定，他将在讲
话时做出决定。于是，人们怀着强烈的好奇心想看个究竟。观众是看电视
政治演讲以来人数最多的。电报、信件、电话的反馈之多也是史无前例的。

讲话前，全国大多数报纸，包括共和党的主要报纸刊登了要尼克松退
出候选人名单的消息。讲话后，舆论界来了一个 180 度的大转弯，出现了
偏向尼克松的有利反应，不利的局面一下子就扭转了。

如果讲话的内容提前暴露，观众的人数就会减少，影响不会那么大，
尼克松也可能已经被从候选人名单上拉下来了。

1969 年，美国掀起了反越战的狂潮，成千上万的反越战争示威者涌进
华盛顿。内阁、尼克松的助手以及国会议员的种种对立的意见潮水般涌向

尼克松。

尼克松面临两种选择：是撤军还是继续打下去？尼克松准备在这一年11月3日发表电视讲话。白宫新闻办公室挤满了坚持索要讲话稿的记者。但尼克松下令不但不提前发讲话稿，也不得透露任何有关讲话内容的情况。

经过审慎的考虑后，尼克松站在了摄像机前。这次收看他讲话的观众超过了以往任何一次总统讲话的观众人数。无数双眼睛注视着他，无数的人聆听着他的声音："我选择了一项实现和平的计划。我相信它能够成功……"

结果，尼克松获得了可喜的战绩——他的支持率上升了11个百分点，成为盖洛普民意测验开始以来因总统发表一次讲话而支持率上升最多的一次。

对演讲内容保密的威力由此可见一斑。但值得注意的是，保密的内容必须是有价值的，否则情形就会相反。

● 停顿或沉默 —— 默语的运用

默语是说话中短暂的停顿或沉默，是无声语言的一种。语言表达中需要停顿，在以书面语为形式的写作活动中，标点符号就是起停顿作用的。在演讲谈话中，停顿可以起舒缓语气、增强语言节奏感的作用。停顿有两类，一是自然停顿，即说话时因为换气而做的停顿；二是为了追求特殊的表达效果而刻意在本来可以不停顿的地方进行停顿，这属于语言艺术的范围，有时候甚至可以在讲话中做适当时间的沉默以发挥语言艺术的特殊魅力。

我们在工作中，例如主持会议、作报告、进行演说时，经常会遇到这种情况：会场秩序混乱，听众交头接耳，开小会，心不在焉，左顾右盼，怎么办？你当然可以把音量放大，将嗓门再抬高八度，去引起听众的注意；有的人还会敲桌子、发脾气，通过高声训斥以平息听众的吵闹喧哗，但这样做未免消极，容易滋生听众的抵触情绪，即使会场暂时安静了，也会在心理上增加人们的反感。再说，声音小一点与大一点反差也不大，不太会引起人们的注意。较好的办法是暂时的停顿或沉默。

据说日本大正时代著名的雄辩家永井柳太郎成功的秘诀就在这里。当他发现听众中有骚乱、不安或者混乱时，他不是扯开嗓门，而是降低声音，甚至完全沉默下来，只有嘴形仍在翕动，像是喃喃自语，神色也特别神秘庄重。听众听着听着，突然发现台上没了声音，便立刻引起警觉，以为一定有了什么特别的内容，刹那间，沉默创造了肃静。这种做法，实乃上策，正如19世纪英国作家、思想家卡莱尔所说："沉默与语言相互配合，能创造产生双重的意境。"

在语言交流中，默语所表达的意义是丰富多彩的，既可以是欣然的赞许，也可以是无声的抗议；既可以是威严的震慑，也可以是心虚的流露；既可以是爽快的默认，也可以是无言的拒绝。因此，默语具有"此时无声胜有声"的效应。"没有一点声音，没有任何喝彩，只有那震耳欲聋的深沉的静寂。"这就是默语的最佳传播效能。

在一定的语境中，默语能迅速消除言语传递中的种种障碍。这就像乐队的指挥举起指挥棒，喧闹的会场立即安静，乐队和演奏员立即进入演奏状态一样，使整个现场都将在"沉默中得到控制"。

林肯在一次辩论会中，用默语产生了惊人的效果，使他反败为胜。在他最后一轮演说中，他突然停顿下来，默默地站了几分钟，望着面前那些半是朋友半是旁观者的群众的面孔……然后说道："朋友们，不管是道格拉斯法官或是我自己被选入美国参议院，那都是无关紧要的，一点关系都没有；但是，我们今天向你们提出的这个重大的问题才是最重要的，远胜任何个人的利益和任何人的政治前途。朋友们，"说到这儿，他又停下了，听众们屏息以待，唯恐漏掉了一个字，"即使在道格拉斯法官和我自己的那可怜、脆弱、无用的舌头已经安息在坟墓中时，这个问题仍将继续存在、呼吸及燃烧。"

林肯这段话中，两次使用默语来紧扣听众的心弦，为他的演讲语言增添感人的气氛，从而增强了通篇演说的力量，达到了出乎意料的效果。

美国总统里根政治生涯的高峰之一是他在 1980 年共和党全国代表大会上发表接受总统候选人提名的演说。这次演说的高潮是在最后结束之时，里根在快要念完准备好的讲稿时，突然停顿了一下。他环顾了一下台下的听众，接着又把目光投向电视摄像机镜头，大声地说："我想起了一件事，这本不是我演说的一部分，我不知道该不该说。"说到这里，他又停顿了一下，然后赞美地把美国说成是"渴望呼吸自由空气"的人的避难所。接着他又说："我承认，我有些不敢提出我的建议，但是我更不敢不提出这一建议。"他的建议就是请所有在场的人同他一起为他将要进行的"征战"默默地祈祷几分钟。于是全场没有一点声音，只有那深沉的寂静。这次演说一举巩固了里根竞选总统的共和党党内基础，为他登上美国总统宝座增加了砝码。

里根的第一次停顿，是转换话题，由书面演讲走向即兴发挥；第二次停顿，则是欲说又止，"犹抱琵琶半遮面"，一是体现自己的真诚和勇气，二是激发听众心里的求知之欲；第三次沉默，则是虔诚地引导听众一起去"征战"竞选。长达几分钟的沉默，在演说中一般是很少见到的。

默语使用的关键在于根据情景来确定其时间长短，当行则行，当止则止。如果默语的时间掌握得不恰当，只要稍为放长了那么一丁点儿，听众就可能从这稍长的瞬间觉醒过来，在高潮突然到来以前做了心理准备，那么演说就会平淡无味，起不到默语那种独特的平地惊雷的传播效果。值得注意的是不能不分场合和情境而故作高深地滥用默语，否则其结果只会事与愿违，只能给人一种矫揉造作或是城府于胸难以捉摸之感。

☼ 开场、高潮与结尾的艺术

开场白的优劣，有时直接关系到一场演讲的成败。严肃认真的演讲者，总是认真对待演讲的开头，无论是一个出乎寻常的举动、发出几声感叹或是几句简短的开场白，都力图和听众的心挨得近些，扣动其心弦，使其感到演讲者可亲、可敬、可爱。怎样使我们的演讲一下子扣动听众的心弦呢？这就要根据演讲时间、地点、听众、讲题的不同，选择不同方式的开场白。

●提问式开场白

提问式开场白，也叫作"问题引路"。演讲者一上台便向听众提出一个问题，请听众和自己一起思考，这样可以立即引起听众的注意，使他们一面迅速思考，一面留神听。这样，不仅有利于集中听众的思想，而且有利于控制场面。同时，听众带着问题听讲，将大大增加他们对演讲内容认识的深度和广度。

●悬念式开场白

悬念式开场白也叫"故事式开场白"，即开头讲一个内容生动精彩、情节扣人心弦的小故事，或举一个触目惊心的事实来制造悬念，使听众对故事发展和人物命运深表关切，从而仔细听下去。例如，李燕杰同志的演讲《爱情与美》是这样开头的：

"前年四月，北京一家公司的团委书记要请我去作报告，我因教学任务紧张推脱不去。这个团委书记恳切地说：'李老师，你一定要来，我们这次是请你来救命的。'我很纳闷……"听演讲者这么一说，听众也纳闷了：到底发生了什么事，非请他去不可？这样开场，吸引力极强。

● "套近乎"式开场白

演讲者根据听众的社会阅历、兴趣爱好、思想感情等方面的特点，描述自己的一段生活经历或学习、工作中遇到的问题，甚至讲自己的烦恼、喜乐，这样容易给听众一种亲切感，他们会自然而然地把你当成"自家人"而乐于听你演讲。例如，北京航空学院的项金红同志一次应邀到某体育学校演讲。一开始，他就介绍自己学生时代曾是学院田径代表队的队员，使听众觉得他是同行，有共同语言，双方的感情距离一下子缩短了。

●赞扬式开场白

人们一般都有爱听赞扬性语言的心理。演讲者在开场时说几句赞扬性的话，可尽快缩短与听众的感情距离。有位演讲者到宜城作演讲，开场白充满赞美之情：

"有人问我，最喜欢哪一首民歌，我脱口而出：《回娘家》！是的，宜城是我的娘家，是我母亲的土地。我热爱宜城，赞美宜城，也许首先是因为宜城人外表美。古代宜城有个大文学家叫作宋玉的写道：'天下之佳人莫若楚国，楚国之丽者莫若臣里，臣里之美者莫若臣东家之子。东家之子，增之一分则太长，减之一分则太短，著粉则太白，施朱则太赤。'宋玉说，天下最美的人是我家东边隔壁的那位姑娘，那位姑娘增一分就太高了，减一分又太矮了；搽点粉太白了，抹点胭脂太红了。各位老乡，你们说我们宜城人美不美呀？"（热烈鼓掌）巧妙的引用，深情的赞美，一下子抓住了听众的心。接着他讲宜城人心灵如何美、家乡如何可爱，一步步切入"爱家乡才能爱祖国，爱祖国就要投身改革大潮，创造有价值人生"的主题，收到了良好的效果。

●道具式开场白

道具式开场白，也叫"实物式开场白"，即开讲之前先展示某件实物，给听众以新鲜、形象的感觉，引起他们的注意，从而一下子抓住听众的注意力，收到意想不到的效果。

有位演讲者向数百名教师作一场题为《做教育改革弄潮儿》的演讲。他一上台就展示出齐白石的名画《雏鸡》。当听众的目光全被这幅画吸引过来之后，他才开口："请看，在这幅三尺多长、一尺来宽的画面上，齐白石先生只画了三只毛茸茸、憨乎乎的小鸡，其余处皆为空白，这些空白，给我们留下了无限广阔的想象和再创造的天地。看了这幅画，你是否会想到雏鸡会长成'一唱天下白'的雄鸡呢？你是否感到了春天的无限生命力呢？每个人可以根据自己的体验想象到很多很多——这就是'空白'的魅力。我们做教师的，能否打破45分钟的'满堂灌'，也给学生留下一点回味和进行创造性思维的'空白'呢？"

●渲染式开场白

渲染式开场白，即运用形象的、充满情感的语言开头，创造适宜的环境气氛，引发听众相应的感情，进而吸引听众。如恩格斯在《马克思墓前的讲话》的开头：

3月14日下午两点二刻，当代最伟大的思想家停止思想了。让他一个人留在房里还不到两分钟，等我们再进去的时候，便发现他在安乐椅上安静地睡着了——但已经是永远地睡着了。

这个开场白，只用了短短的两句话，便把听众引进了一个庄严、肃穆、沉痛的气氛之中，激发了人们对革命导师的景仰、悼念之情，有利于听众接受演讲者在正文中所要展开的论述。

● 模仿式开场白

模仿某个人的语调或动作姿态，使听众产生丰富的回忆和想象，有助于推动演讲的深入。

大家还记得吗？1980年12月，在香港伊丽莎白体育场举行的世界杯亚太区足球预选赛中，中国队32岁的足坛老将18号容志行（模仿宋世雄的音调），以其熟练、细腻、漂亮的盘带动作，晃过了对方三个后卫队员的拦截，在离对方禁区15米远处起脚射门！射出一个什么呢？射出了一个"足球热"。

由于演讲者模仿得惟妙惟肖，几乎能以假乱真，因此一下子就使全场的气氛活跃起来。但运用模仿式开场白，要注意内容、场所、听众心理、民族风格等因素的制约，要以讲为主、以演为辅，且适可而止，否则会使人觉得华而不实，产生逆反心理。

●恰当地构筑高潮

演讲的高潮应是思想内容高度升华的"顶点"。在这一点上，情和理，随着激越的语句喷薄而出，表现出最强的力度，具有强大的感召力。高潮应该是自然而然、水到渠成的产物，而不是矫揉造作、故弄玄虚的结果。思想内容未达到这一爆发点，仅仅靠语言形式的硬凑形成的不是高潮，而是无病呻吟，不可能有感动听众的魅力。

所以，首先必须根据内容情感的需要，恰到好处地构筑高潮，千万不能以为用了高亢的语调，用了接二连三的排比、诘问就形成了高潮。高潮是相对于低潮而言的，一席演讲既有"山峰"又有"低谷"，在起伏波动之中，才会显出生气和活力。所以，演讲者要想使演讲形成高潮就必须对内容进行精心安排，使之起伏有致、有重有轻。从语言形式看，在高潮处要多用排比句、反问句、设问句等句式。因此，我们应该善于设置构筑演讲的高潮，并利用高潮的特有感染力，最大限度地传递信息。

●结尾的艺术

如果说良好的开端是成功的一半，那么好的结尾才能使演讲"功德圆满"。一个好的结尾应该能给人留下深刻的印象，久久不能忘怀。较为常用的结尾方式有以下几种。

1. 总括式

这是一种最普通的结尾方式。在演讲结束时，演讲者对所述内容进行一个简洁扼要的概念总结，一则加深了听众对演讲的印象，二则又一次强化了演讲主题。

2. 引用式

引用名人的话语或诗句、格言作为结尾。这类方式用好的关键在于：所引语句必须与所述内容相吻合；引句的内容要高度凝练、精警，且为人熟知。

3. 幽默式

以一句幽默诙谐的话来结束演讲。在生动、活泼的气氛中结束演讲，对加深印象无疑是有益的。但这种方式的运用，需特别注意场合的适应性。

4. 呼吁式

在听众情感激发的基础上，运用具有鼓动力、感召力的语句向听众发出呼吁。这种方式适用于不仅要"使人信"，而且要"使人动"的目的明确的演讲。

5. 赞颂式

利用人一般都喜欢听赞扬话的心理，选用合适的赞颂语结束演讲。只要话语得体，常能使会场气氛达到新的高潮；在双方关系融洽的氛围中，使演讲的内容在听众中留下更为深刻的印象。这种方式要注意适度，防止庸俗，不要哗众取宠。

演讲中的感情传导与技巧运用

演讲，作为一种口语表达的社会实践活动，不仅以其深刻的议论给人以启发和教益，而且还以其强烈的抒情给人以感染和激励。整个演讲过程，充满着演讲者对听众的情感传导。这种传导，是演讲者有声语言和态势语言输载的情感信息，通过听众的感知、联想、体验并引发共鸣来实现的。它是演讲者和听众之间心与心的相互沟通，情与情的彼此交融，也是强化演讲效果的一条重要的心理途径。

●呼召式

呼召式是指在演讲激动处，使用热烈的呼语直接感召听众。这种表情方式，可以集中情感指向，强烈刺激听众的心理情绪，从而达到情感传导的目的。

例如，著名演说家李燕杰给青年人作题为《国家、民族与正气》的报告，他在列举古今中外典型事例并联系自己的真切感受，精辟地论述了"爱国之心""民族之魂"和"正气之歌"以后，满怀激情地说："青年朋友们，爱我们的国家吧，爱我们的民族吧，同心协力，把我们民族的正气，把我们中华民族奋发图强的爱国主义精神极大地发扬起来！"这一振聋发聩的呼召，熔铸着演讲者的人生信念，一下子掀起了关心祖国命运和前途的青年人思想感情的波澜。演讲者热切地呼唤，应和着爱国主义的时代主旋律，一起在听众的心上震响，演讲的感情活动也就达到了高潮。这种传导方式，用在演讲结尾处，往往能够产生巨大的感染力量。

●变称式

变称式是指在演讲需要时，换用变化的人称，直接鼓舞听众。这种表情方式，可以调整情感意向，迅速缩小与听众的心理距离，从而发挥情感传导作用。

曲啸在题为《人生、理想、追求》的演讲中，以第一人称的方式回忆了自己过去20多年的坎坷人生路程，表现了一个追求理想和真理的知识分子的优秀品格与高尚情操。最后，演讲者变换第二人称，这样讲道："特别是青年同志们，应该充分发挥你们的聪明才智，在'四化'建设中，做无愧于光荣称号的新时代的青年人，迈开坚定的步伐，走向你们辉煌壮丽的成年！"

这一语重心长的勉励，寄托着演讲者的满腔希望，一下子引起了青年人内心感情的共鸣。每一个听众都可从一部人生戏剧的叙述中，体会演讲者的情感和意愿。这种传导方式，用在演讲过程中，同样能够加强演讲者和听众之间的情感联系。

●祝愿式

所谓祝愿式，是指在演讲活动中，采取真诚的祝愿，直接激励听众。这种抒情方式，可以明确情感方向，自然引发听众的情绪感应，从而产生情感传导的效果。

1978年3月30日，郭沫若同志在全国科学大会上作题为《科学的春天》的讲话，郭沫若满怀信心和深情地回顾了科学事业发展的曲折历程，展望了科学事业发展的光辉前景，并对科学工作者表达了最诚挚的祝愿："我祝愿我们老一代的科学工作者老当益壮，在新的长征中为我国科学事业建立新功。我祝愿中年一代的科学工作者奋发图强，革命加拼命，勇攀世界科学高峰。我祝愿全国的青少年从小立志献身于雄伟的共产主义事业，把老一代革命家和科学家点燃的火炬接下去，青出于蓝而胜于蓝。"

这一热情洋溢的祝愿，表达了演讲者的殷切期待，所有与会者无不深受感动，老一辈热情的希望化作了新一代创造未来的巨大力量，演讲者与听众的思想感情也就在这美好的祝愿中融为一体了。这种传导方式，用在演讲高潮处，常常会收到强烈的抒情效果。

●演讲怯场分析

作为一个演讲者，最大的敌人是什么？毫无疑问，是怯场。怯场能使你精心准备的一切（演讲词、仪表、姿态等）化为乌有，呈现在听众面前的只是一个尴尬、笨拙、足以引起怜悯的形象。这样说是否有点过火？请看：

美国著名作家马克·吐温的嘴里仿佛塞满了棉花，脉搏快得像赛跑运动员。

英国首相丘吉尔心窝里似乎堵着一块冰。

美国政治家路易·乔治的舌头抵在上牙床，不能说一个字。

李燕杰"怀里好像揣着一头小鹿"。

罗马演说家西塞罗"脸色苍白，四肢和心灵都在颤抖"。

美国演说家詹宁斯·伯瑞安的两个膝盖抖得碰到一起。

印度总理英迪拉·甘地"不是在讲话，而是在尖叫"。

我们可以得到安慰了：怯场是初次登台者的普遍心理，连世界第一流的演说家也不能幸免。但我们必须战胜它，因为"我们唯一要害怕的，就是害怕本身"（罗斯福）。

怯场的一般表现是过分的紧张。"心理 — 生理 — 社会"模式认为，紧张是环境刺激与机体能力不平衡的结果，是机体不能适应环境的"情绪应激"行为，它往往表现出如下的生理反应：心率加快、血压升高、汗腺分泌、口干舌燥、喉头发紧、声音发颤、四肢僵硬、肌肉抽搐、头痛眩晕等。

心理学上把能够引起紧张的事物称为"应激源"。应激源有四类：躯体性的、文化性的、社会性的和心理性的。在演讲中，紧张的应激源主要是后两种，具体来看，主要有以下几种。

1. **陌生的体验**

当我们置身于不熟悉的环境和气氛中，站在讲台上，以少有的角度、距离和方式（姿势、声调、音量等）对众多听众演讲时，紧张的体验是必然发生的。它会形成一种"孤独感""危机感"，甚至会使我们紧张地想道："哎呀，我怎么会在这里，我要干什么？"从而使脑中出现一片空白。

2. 过度的期望

每个人都期望自己的演讲能够获得成功，但主观的过高期望（如"第一名"和"演说家"的期望）会促使自己力求每个细节都"完美"，从而患得患失。在听众反应不佳的时候，尤其会出现慌乱、烦躁，进而扰乱预定的演讲安排。

3. 自卑的态度

认为自己知识不够、经验不足，缺乏演讲者素质，上讲台只是应景。而看到排在前面的演讲者从容自在、滔滔不绝时，就更增加了心虚和胆怯。形成自卑态度还有一个重要原因，就是因为对演讲稿还没有完全记熟而形成"这次非出丑不可"的先入之见。

4. 听众的压力

如果确信听众比自己更了解演讲的主题，或者对自己抱着一种不友好的态度，就会形成直接的心理压力，从而产生迅速逃避的意向："赶快讲完算了。"

5. 人格特征

性格顺从、依赖性强、易受暗示、内向羞怯的人最容易染上社交恐惧症，何况当众演讲。从气质看，抑郁质、粘液质较之胆汁质和多血质更容易形成紧张情绪。

对"应激源"进行了分析，就可以采取一些具体的方法来消除紧张了。不过，前面谈到的紧张只是指过度的紧张而言。而适度的紧张不仅无害，反而有益。心理学家斯皮曼说得好："不是要消除紧张，而是要消除慌乱。"

心理学研究证明：人们的紧张水平与活动效率呈倒"U"字曲线关系。这就是说，过低或过高的紧张水平都不利于活动，只有在适度的紧张状态下，才会有好的效率。适度的紧张是人们活动的激励因素。我们经常采用考试、评比、检查、竞赛等手段促进活动，其目的也在于促使人们产生紧张感，产生"活化效应"。适度的紧张会促使人体内肾上腺激素大量分泌，而又不至于形成分泌紊乱。增加肾上腺激素的分泌，不仅能增加体力，也能大大促进人们的思维活动、注意能力、记忆能力等。"急中生智"与"急中生力"就是例证。适度的紧张也能激励人们认真地、审慎地对待活动，而不至于盲目自信、草率从事。

一位赛跑运动员已经站在起跑线上，正等待裁判的一声号令，但如果他这时还没有一丝紧张的感觉，事情就不妙了。同样，一位演讲者即将临场时还是一副没精打采的样子，事情也不见得好。曾有人主张用催眠的手段来消除人的紧张感，这对于临床倒是有效，但对演讲不合适。

那么，如何避免因紧张而产生的"怯场"呢？

首先，演讲者应该有充分的、能说服自己的"自信"。纵观事业上有成就的人，大多非常自信。"如果我坚持什么，就是用大炮也不能把我打倒。"（巴甫洛夫）"我们应该有信心，特别要有自信心。我们必须相信，我们的天赋是用来做某种事情的，无论什么代价，这种事情必须做到。"（居里夫人）"我决心从化学方面取得哲学博士，我做到了；我决心写故事，我做到了；然后我决定写小说，我做到了；而后我又决定写科学方面的书，我也做到了；最后我又决定成为一位整个时代的作家，我确信变成了这样的人。"（阿西摩夫）

自信心对于人的心理确有重要的影响。苏联心理学家从一班人中选出一位最丑的女学生，要求大家改变对她的看法，向她献殷勤，争先恐后地照顾她，以假当真地认为她是位聪明美丽的姑娘，以增进她的自信。结果不到一年，她便出落得妩媚动人起来，行为举止判若两人。索洛维契克说："美与丑，不在于自己本身如何，而在于如何看待自己。认为自己美的往往就美，经常抱怨自己丑的就会扮出一副傻相。同样，不觉得自己聪明的，就不会变得很聪明；不觉得自己善良的，也成不了善良的人。"

看看，自信有多么大的魔力啊！

电学的创始人之一，英国的法拉第不仅是位伟大的科学家，还是一位杰出的演讲家。他善于以简洁明快、通俗易懂的语言激起听众对于科学的兴趣，以及对于他的精彩演讲的兴趣。他的崇拜者对他的演讲技巧赞叹不已。一次，一位新手要登台演讲，特意去请教法拉第如何假定听众的水平，法拉第直截了当地回答说："他们一无所知。"

● 演讲的暗示技巧

暗示是一种心理策略，它不是直接地阐明某个问题，而是靠直接或间接的提示，使听众自己明白。国外有一种戒烟电话，当人们的烟瘾发作时，拿起电话听筒，拨一个特定的号码，就可以听到使人难以忍受的气喘声、咳嗽声，从而打消吸烟的念头。

暗示作为一种表达思想的手段，往往可以收到特殊的效果。在演讲艺术中，它常常表现为含蓄、委婉、迂回、设问、反向等手法。

暗示还有一个微妙的作用，即能够使听众在不知不觉中受到影响。

除了语言外，演讲者的表情、行动也可以作为暗示的符号。有一次，林肯作为被告的辩护律师出庭。原告的律师将一个简单的论据翻来覆去地陈述了两个多小时，听众极不耐烦。轮到林肯发言时，只见他走上讲台，先把外衣脱下来放在桌子上，然后拿起玻璃杯喝了几口水；又重新穿上外衣，然后又喝水。如此重复了五六次，逗得听众前俯后仰、乐不可支。这种"一言不发"的暗示，使他获得了"首场胜利"。

演讲一般采取的是"他人暗示"，其中又包括以下三种。

1. 直接暗示

直接暗示，即有意识地直接提示。如古希腊演说家伯里克利的一段演说："我不想进行一次冗长的演说来评述一些你们都很熟悉的问题，我不说我们用以取得我们胜利的一些军事行动，也不说我们父辈英勇地抵抗希腊内部和外部的敌人……"再如秋瑾的一段演说:"上天生人,男女原是没有区别的。试问,天下没有女人,就能生出这些人来吗?……诸位,国家是要灭亡的了,男人自己也不保,我们还想靠他吗?"前者是"欲说还休",后者是"不疑而问",都是直接暗示的手法。

2. 间接暗示

间接暗示,是不显露动机的间接提示。这种暗示不容易被理解,但一旦被理解,产生的体会就很深刻。请看林肯的一段演讲:"有人写信问我有多少财产。我有一位妻子和一个儿子,都是无价之宝。此外,也租了一个办公室,室内有一张桌子、三把椅子,墙角还有一个大书架,架上的书值得每人一读。我本人既高又瘦,脸蛋很长,不会发福。我实在没有什么可依靠的,唯一可依靠的就是你们。"

听了上述演讲,你对林肯产生了什么印象?当然,这种印象是无意中形成的。首先是感情丰富(妻子和儿子都是无价之宝);其次,思想深刻(大书架上的书值得每人一读);还有,谦虚诚恳(实在没有什么可依靠的,唯一可依靠的是你们)。一个人具备了上述三种品质,还有什么可说的呢?

3. 反暗示

反暗示,是显露动机的反面提示,即"正话反说"。冯玉祥当旅长时,有天听部下诉苦:其他部队的士兵讥笑他们穿得破烂,骂他们是孙子兵。为了鼓舞士气,他立即召集全体官兵,进行队前演讲:

刚才你们来报告,说第四旅的兵骂我们是孙子兵,听说大家很生气,可是我倒觉得他们骂得对。按历史的关系说,他们的旅长曾做过二十镇的协统,我是二十镇里出来的,你们又是我的学生,算起来你们不是矮两辈吗?他们说你们是孙子兵,不是说对了吗?再看衣服来说,缎子的儿子是绸子,绸子的儿子就是布。现在他们穿缎子,我们穿布,因此他们说我们是孙子兵，不也是应当的吗？不过，话虽然是这样说，若是有朝一日开上战场，那时就能看出谁是爷爷，而谁是真正的孙子来了。

这篇演讲，似真非真、似抑而扬。士兵们听了后情绪顿时高涨，由自卑转为自豪。

恰当的暗示能给演讲带来魔力，但它与幽默一样，也不是一匙万能的调料，否则会影响演讲应有的"明白性"。

下面是一篇绝妙的"暗示"演讲，它是心理学家路赛罗对企图自杀者的劝导，不读殊为可惜。现抄录于后，以飨各位：

你已经孤注一掷了，生命对于你已不再有吸引力了，因而你选择了自杀。

好的。但你在杀死自己之前，我想告诉你几件事，我是精神病院的护士，亲眼看到过种种自杀者的下场。

自杀不一定能成功。你以为你一定能杀死自己吗？请看这位25岁的青年，他试图电死自己，然而他活着，但是两条胳膊都没有了。

那么跳楼怎么样？去问问约翰。他曾是一个多么聪明和富有幽默感的人，但这都是他跳楼以前的事了。如今，他的脑子受到了损伤，挂拐杖，步履蹒跚，永远需要别人的照顾。最糟糕的是他还明白他曾是一个正常人。

甚至一些不太剧烈的方式也会使你变为残疾。你想吃安眠药致死吗？看看这个12岁的孩子，他就是因此而得了严重的肝病。你见过严重的肝病患者吗？你会在全身慢慢变黄中死去。这条路实在是太痛苦。

没有万无一失的方法。你想用枪吗？这位24岁的年轻人向自己的脑袋开了枪，现在他拖着一条腿和一只没用的胳膊，并且丧失了半边的视觉和听觉。这就是你所认为的万无一失的方法。

自杀并不那么有魅力。你可以设想一个电影明星是在吞服了过量的安眠药之后，穿着睡衣进入了长眠。但是，在你的设想中忽略了一个事实：随着死亡，她的肌肉变得僵硬，最后，全部美丽化作尘埃。

谁从地板上擦掉你的血迹、刮掉你的脑浆？谁把你从上吊绳上解下来？谁从河里捞起你肿胀的尸体？你的妈妈？你的妻子？还是你的儿子？这种差事即使职业清洁工也会拒绝的。但这种事总得有人去做。

你的那封精心措辞、爱意切切的诀别书是没有用的。那些爱你的人永远也不会完全从这件悲痛的事情中解脱出来。他们懊悔，陷入无边的痛苦，同时感到愤怒，因为那时你只想到你自己。

自杀是一种传染病。看看你的家庭成员：儿子、女儿、兄弟、姐妹、丈夫、妻子。你4岁的儿子正在地毯上玩他的小汽车。如果你今晚上杀死了你自己，那么10年后他也会干同样的事。事实上，自杀常常导致家庭其他人的自杀。而孩子们在这方面尤其脆弱，所以就更容易受到伤害。

你必须有其他选择。总会有人在危机中给你帮助，打个电话，找找朋友，看看医生，或者去叫警察。

也许他们会告诉你，生活还是会有希望的。这希望之光也许来自明天的一封信；也许来自周末的一个电话；也许来自某位在商店相遇的好心人。你不知道它来自何处——没人知道。但是所期待的可能就在一分钟、一天或一个月后突然到来。

你仍旧坚持要干这件蠢事吗？一定要干吗？那好吧，不久我就会在精神病院的监护室里与你相见，届时我们照料你所剩下的一切，依然要干所有你再也不干了的事。

●演讲的激情效应

在演讲中，热情是通过演讲者的面部表情、姿势、语言、语调等表现出来的。"一个冷淡的人在进行热情的演讲"——你会相信吗？

热情是人类进行活动的源泉。黑格尔说："没有热情，世间任何伟大的业绩都不能实现。"列宁说："我们为热情的浪潮所激励，我们首先激发了人民普遍的政治热情，然后又激发了他们的军事热情，我们曾打算用这种热情直接实现与一般政治任务和军事任务同样伟大的经济任务。"在演讲中，我们应该采取"热情"这个有效的背景和捷径，运用情感的力度去感染听众、充分唤起听众与演讲者的"心理共鸣"。

如何进行热情的演讲呢？这首先取决于你对听众的兴趣和感情。心理学家亚得洛认为："对别人不感兴趣的人，生活中困难最大，对别人的损害也最大，所有人类的失败，都由这些人中发生。"被誉为魔术之王的塞斯顿认为自己的成功经验有两条：首先懂得人情，其次对人有真实的感情。每次上台前，他都反复地对自己说："我爱我的观众，我将尽力把最好的给他们。"注意：如果你对听众没有兴趣和热情，那是无法掩饰的。小说家凯瑟认为："热情是每个艺术家的秘诀，而每位演讲家都应该是艺术家。这是一个公开的秘诀，十分有效，它如同英雄的本领一样，是不能拿假武器去冒充的。"

第二次世界大战时，歌唱家史密斯在主持一次广播节目中发表劝购公债的演说，获得了极大的成功。其实她的讲稿水平一般，但由于充满真情、毫无做作，使听众感到她简直是"倚门盼儿归的父母，期待男友早日凯旋的痴情少女"，无不为之感动，正是"精诚所至，金石为开"。

对演讲的主题和内容的热情也是不可少的。如果你对所要讲的没有一种"一吐为快"的感觉，如果演讲的主题、内容不能使你感动，那么我劝你最好先不要讲，否则你与听众都会处于一种难堪的局面。古罗马一位诗人说得好："只有一条路可以打动人的心，就是向他们显示你自己首先已被打动。"加里宁认为："如果你想使你的语言感动别人，那么就应该在其中注入自己的血液。"

第二次世界大战时，面对德、意、日法西斯的疯狂进攻，英国首相丘吉尔向秘书口授了一篇演讲稿："我们决不投降，决不屈服。我们要战斗到底。我们将在法国作战，我们将在海上和大洋上作战，我们将满怀信心地在空中越战越强。我们将不惜任何代价保卫我们的本土……我们任何时候决不投降！"据他的秘书讲，当丘吉尔口授完这篇演讲稿时，这位年近七旬的首相竟"像小孩一样，哭得涕泪横流"。

第六章 CHAPTER SIX
难开口的话张嘴就来

☼ 说服别人的语言技巧

　　说服，即指人们在日常生活中，采用某种方法和技巧，使对方改变已有的行为或思想，从而按照自己的意志去进行某项活动。说服别人时，说服的技巧与分寸对说服效果有很大的影响。认真研究说服的艺术，对于融洽人际关系、增强办事效果有着重要的作用。

●了解说服对象

　　在说服别人之前，一般要对对方的情况进行客观的了解。只有知己知彼才能针对不同的对手，采取不同的说服技巧。

　　知识高深的对象，对知识性辩题抱有极大的兴趣，不屑听肤浅、通俗的话，应充分显示你的博学多才，多进行抽象推理，致力于各种问题之间内在联系的探讨。

　　文化低浅的对象，听不懂高深的理论，应多举明显的事例。

　　刚愎自用的对象，不宜循循善诱时，可以用激将法。

　　脾气急躁的对象，讨厌喋喋不休的长篇说理，用语需简要、直接。

　　性格沉默的对象，要多挑他发言，不然你将在云里雾里。

　　思想顽固的对象，对他硬攻，容易形成僵局，造成顶牛之势，应看准对方最感兴趣之处，进行转化。

　　从语言了解对方，是取得胜利的关键。我们可以从言谈的微妙之处观察对方的性格特征和内心活动。

性格刚强的人，很少使用"那个""嗯""这个"之类的口头禅；反之，小心谨慎、神经质的人常用这类语汇。日本语言心理学家三付侑弘认为，在谈吐时常说出"果然"的人，自以为是，强调个人主张；经常使用"其实"的人，希望别人注意自己，他们任性、倔强、自负；经常使用"最后怎么怎么"一类词汇的人，大多是潜在欲求未能满足。通过对方无意中显露出来的姿态，了解他的心理和性格，有时能捕捉到比语言表露更真实、更微妙的思想。

例如对方抱着胳膊，表示在思考问题；抱着头，表明一筹莫展；低头走路，步履沉重，说明他心灰意冷；昂首挺胸，高声交谈，是自信的流露；女性一言不发，揉搓衣服，说明她心里有话，却不知从何说起；真正自信而有实力的人，反而会探身谦虚听取别人讲话；抖动双腿常常是内心不安、苦思对策的举动；若是轻微颤动，就可能是心情悠闲的表现。

当然，对说服对象的了解，不能停留在静观默察上，还应该主动侦察，采用一定的对策，去激发对方的情绪，这样才能够迅速准确地把握对方的思想脉络和动态。

●现身说法

用自己的亲身经历来说服别人是一种十分有效的方法。首先，事实胜于雄辩，事实是最有说服力的，十条理论不如一件事实更让人信服。其次，亲身经历才更显真实，这是远非道听途说所能比拟的。另外，现身说法还有一个好处，就是可以不用一本正经地说教，只要说完情况稍加点拨，让别人去体会，显得含蓄、委婉。

现身说法说服别人的典型例子是我国古代的邹忌说服齐威王广开言路的故事。

邹忌是齐国人，身体魁梧，面貌端正。有一天他问妻子自己和著名美男子徐公相比，谁更美一些。妻子说："当然是您美。"他有些不信，又问妾。妾说："徐公哪儿能跟您比呀！"这时正好有宾客来求见，邹忌又问客人，客人也说他比徐公美。邹忌十分疑惑。徐公来了，邹忌暗暗打量他，又仔细照照镜子，觉得自己比徐公差多了。可是为什么妻、妾、客人都那样说呢？邹忌躺在床上想了好久，终于悟出了这个道理：妻子偏袒他，妾害怕他，客人有求于他，所以都不说真话。于是第二天见齐威王的时候就说了自己的情况并告诉齐威王，现在宫廷里的人个个都偏袒大王，官吏们都怕大王，四境之内都有求于王，由此可见大王受蒙蔽很深啊！于是齐威王下令广开言路。

现身说法的最大优点是避免了在说服过程中常常出现批评和教训对方的口吻，而是用自己所产生的类似问题来启发别人"你是否也会这样"。因为摆出了自己存在（或者曾经有过）的问题，便显得谦虚，而且把自己摆在与被说服者同等的地位上，不至于使人觉得你居高临下，所以也易于被接受。

● 归谬说服

归谬说服并不直接反驳对方的错误观点，而是先假设对方的观点言之有理，然后据此引申出一个连对方也不得不承认是荒谬的结论来，从而让他心甘情愿地放弃原有的错误观点和主张，无条件地接受说服者输出的思想信息。

实践已使许多人懂得，当我们面对固执己见的人，直接反驳其错误会有诸多的不便，而最有效、最巧妙的方法当属归谬说服方式了。

《伊索寓言·不忠实的受托人》中有一段话说得很实在："遇到谎言说得过于离题的时候，你如果想用论证来破其谬见，那么，未免太郑重其事了。"因为那样反而会纠缠在没有意义的细节上，显得愚拙，不如直接运用归谬方式，以争取让对方"哑巴吃黄连"，有苦说不出。

据《史记·滑稽列传》记载：楚庄王有一匹心爱的马，"衣以文绣，置之华屋之下，席以露床，啖以枣脯"，结果这匹马因为喂得太肥，反倒死了。楚庄王非常痛心，欲以"棺椁大夫礼"为死马举行丧事。左右力劝，楚庄王不听，以致动怒，下令道："谁敢再来谏我葬马，就处以死罪！"

优孟听知此事，进得殿来，仰面大笑，楚庄王诧异，问其缘故，优孟答道："这是大王您最喜爱的马呀！我们楚国堂堂大国，什么排场摆不出来呀，而大王只以大夫的丧礼来葬马，太寒酸了！我看应以国君的葬礼来安葬它。"

庄王问："那该怎么办呢？"

优孟说："应以雕玉为棺，文梓为椁，调动大批士卒修坟，征用大批百姓负土。送葬时，让齐国、赵国的使节列于前，韩国、魏国的使节随于后；再给它造起祠庙，祀以太牢之礼，奉以万户之邑。这样一来，诸侯各国就都知道大王您把人看得轻贱，而把马看得很尊贵了。"楚庄王一听，突然醒悟过来，深责自己险些铸成大错，遂打消了用大夫礼葬马的念头。

楚庄王葬马，本来是一件很荒谬的事情，而拒听劝谏，更是蛮横无理。这时候，任何人再一味地正面规谏，都是不识时务，其后果也就可想而知了。优孟的聪明之处在于他没有继续强行直谏，而是采用顺水推舟、火上浇油的策略，把貌似合理的东西进行了极端的夸张，顺着庄王荒谬的思路向前延伸，直到连楚庄王本人也认为是荒谬至极，才心悦诚服地弃非从谏。

运用归谬方式使说服对象认识到原来观点的错误，还可采用这样一套方式，即先提出一些问题让对方谈自己的见解，即便对方说错了，也不要急于直接指出，而要不断地提出补充的问题，诱导对方由错误的前提推到显然荒谬的结论上，使之不得不承认其错误，然后再设法引导他随着你的正确的思维逻辑，一步一步通向你所主张的观点，达到劝导说服的目的。

还有一个故事：汉武帝晚年时，很希望自己长生不老。一天，他对侍臣说："相书上说，一个人鼻子下面的'人中'越长，命越长。'人中'长一寸能活百岁。不知是真是假？"

东方朔感到皇帝的长生不老梦非常可笑。皇上见东方朔似有讥讽之意，面有不悦，喝道："你怎么敢笑话我？"

东方朔脱下帽子，恭恭敬敬地说："我怎么敢笑话皇上呢？我是笑彭祖的脸太难看了。"汉武帝不解。

东方朔说："据说彭祖活了八百岁。如果真像皇上刚才说的，那彭祖的'人中'就有八寸长。那么，他的脸不是有丈把长吗？"

汉武帝听了也笑了起来。

抓准荒谬之处，用合理的推导，展现出一幅形象鲜明的可笑画面，是对荒谬间接的但更为有力的批驳，可以收到比抽象论证更有说服力的效果。而且，这也是一种照顾对方自尊心的委婉批评方法。

●动之以情

在说服时，还应注重彼此情感的交流。用情感打动对方，使对方信赖，这时，说服就容易奏效了。

郭沫若先生在1962年曾游览普陀山。在游览途中捡到一个笔记本，扉页上写着一副对联："年年失望年年望，处处难寻处处寻"，横批："春在哪里"。再翻一页，竟是一首绝命诗，并署着当天的日子。郭老担心出事，心急如焚地四处寻找失主，终于找到了一位神色黯然的姑娘。原来她考大学连续三年名落孙山，生活上又遭受挫折，感到悲观失望，准备魂归普陀。

郭老先是称赞对联有文采，接着微笑着问："我替你改一改，你看如何？"然后深情地吟道："年年失望年年望，事事难成事事成，横批是'春在心中'。"听了郭老所改的对联，姑娘体会到长辈的关怀，终于向郭老倾吐了心中的郁闷。郭老邀她同游普陀山，边走边热情地与她交谈。当姑娘得知面前这位循循善诱的长者就是学者郭沫若时，万分惊喜与感激，吟诗谢郭老指点迷津，而后又重新鼓起了生活的勇气。

这段佳话也给我们指出了一个说服别人的方法，那就是以情感人。特别是对这样一位绝望的女子，她之所以绝望，就是感到天地之间没有真情，只有冷酷，因此感到没有什么可留恋的，于是萌生了轻生之心。现在从周围人们的关怀中感受到了"人间自有真情在"，当然就会萌生对生活、世界的爱，鼓起重新生活的勇气。由此可见，"晓之以理"能成功地说服人，"动之以情"也同样可以说服人。

● 晓之以理

说清道理是使对方心悦诚服的有效方法。以理服人是一定会有效果的，除非对方是蛮不讲理的人。即使如此，讲清道理也有利于争取大家的支持。退一万步讲，遇见了不讲理的人，非上公堂打官司不可的时候，也还是要讲道理来说服法官和陪审团的。

美国学者卡耐基专门研究演讲与社交口才，他经常租用纽约某大旅馆的大礼堂办班授课。一天，他正筹备一个新的培训班，忽然接到旅馆的通知：租金涨到原租金的三倍。可是他早已发出通知，地址已不可能更改，怎么办呢？他约见旅馆经理，心平气和地说："要提高租金，这不怪你。因为你是经理，责任是多赚钱。不过我们应该认真核算一下这样有利还是不利：不错，你不租给我而租给舞台、晚会用，他们付出的租金比我高，当然经济上有利。但不利的是由于我付不出那么高的租金只能搬走，而我每办一次培训班就有成千有文化、受过教育的中上层管理人员到你的旅馆来听课。这难道不是一种广告吗？事实上你花几千元也许邀请不到这么多人来参观，而我却不花你一分钱帮你请来了，难道你不合算、不值得吗？现在请您认真考虑一下再答复我。"结果经理让步了。

在交涉中，卡耐基一没叫穷，二没责怪，反而承认涨价是在情理之中，摆出了有利的一面，但接着又摆出了涨价所造成的不利因素。由于既说利，又说不利，充分表现了自己"无私"，出发点全都为经理考虑，这样就很容易被接受。而且摆出利弊两方面之后并不做出结论 —— 弊大于利还是利大于弊，而是让对方自己去权衡，又显得从容大度，不咄咄逼人。

●正话反说

明武宗时，秦藩请求加封陕边地，而此地战略上十分重要，与国家社稷的关系更是紧密相连。但是皇上受人撺掇，已经同意了，叫大学士们起草一个加封的诏书。梁文康承命起草了这份诏书，他巧妙地采用正话反说的方法表达了劝阻皇帝、改变封地的意见。

他写道："过去皇太祖曾诏令说：'这块土地不能封给藩王，不是吝啬，而是考虑到它的地广物丰，藩王得到后一定会多养士兵马匹，也一定会因富庶而变得骄纵。如果此时有奸人挑拨引诱，就会行为不轨，有害于国家。'现在藩王既然恳请得到这块土地，那么就加封给你吧！但得此地之后，不要在此收聚奸人，不要在此多养士兵马匹，不要听信坏人挑唆，图谋不轨，扰乱边境，危害国家。否则，那时想保全自己的妻子儿女都不可能了。请藩王在此事上慎之又慎，不要疏忽。"

皇上看到后很忧虑，决定不再把它封给藩王为好。

梁文康在这里运用了正话反说的战略，从而阻止了土地的滥封。我们再来看一个例子。

春秋时，晋文公让厨子做烤肉。进餐时，他发现有一根长长的头发缠绕在烤肉上。晋文公大怒，召来厨子要杀掉他。厨子看了烤肉后说："我该死，有三条罪：一是切肉的刀快得像宝剑，能割下肉却割不断头发；二是烤肉前用锥子在肉块四面反复穿刺，上调料，却没有发现这么长的头发；三是炉火熊熊，肉都烤熟了，头发竟没有烧焦。"晋文公一听，下令把伺候进膳的侍从找来审问，才知道果然是有人在陷害厨子，厨子这才免遭杀头之祸。

对于一个地位低下的厨子来说，纵然受了天大的不白之冤，也没有直言申辩的权利。在迫不得已的情况下，厨子以退为进，先承认自己有罪，然后巧妙施"反证法"，将一个个对自己有利的证据都说成罪证。正话反说，使晋文公反思，体悟到判罚之不公，从而最终达到了平反的目的。此例可称之为在不利形势下的"败胜法"。

● **对比说服**

一个画家去拜访阿道尔夫·门采尔（19世纪德国著名画家）并向他诉苦说："我真不明白，为什么我画一幅画只消一天工夫，可是卖掉它却要等上整整一年。"

"请倒过来试试吧，"门采尔认真地说，"要是您用一年工夫去画它，那么只用一天就准能卖掉。"

运用语序颠倒的方法，表明自己对事物因果关系的认识，既能以对比的强烈给人以鲜明印象，又显示出深邃的哲理性，语言虽简，但说服力极强。

但事物总是互为因果的，故使用此法要慎重严谨，避免以片面性反对片面性。也就是说，不能单从形式上学习和使用此法，重要的是着意于思考得缜密深入。

●数字说服

在说服时，如能拿出更权威有力的数字来，就能使对方有更清晰的感觉，就更容易接受你的观点。

一个在第二次世界大战中当过海军的人说当他和伙伴被派到一艘油轮上时，他们非常恐慌。他们相信油轮一旦被鱼雷击中，大量汽油爆炸，就会在一刹那间把他们统统送上天。针对他们的恐慌，海军单位发出了一些准确的统计数字，指出被鱼雷击中的 100 艘油轮中，有 60 艘并没有沉到海里去。而在真正沉下去的 40 艘中，只有 5 艘是在不到 5 分钟的时间沉没的。这就是说，有足够的时间让他们跳下船去。也就是说，死在船上的概率很小。这样一算，知道了这些平均数字之后，那些海军士兵们的恐慌就一扫而光了。

让数字说话是一种最有力而科学的说理方式，利用它来对付恐惧及那些担心可能出现突发灾难者的顾虑通常是很有效的，而准确的统计数字就更富有权威性了。

●角色说服

"让你换了我，你该怎么办？"这种说服法，乃是说服技巧的第一步。它利用了"角色扮演"使对方有互易立场的模拟感觉，借此模拟感觉而达到说服对方的目的。套个人人皆知的笑话来说，你请别人保管一双旧鞋子，那无疑是暗示着请他穿了。

美国人际关系专家吉普逊认为，他的好友之一某陆军上将之所以有今日之成就，完全得力于他有超人的说服技巧。他说："我从小就憧憬着军旅生涯，1929 年美国经济危机，人人被生活逼得走投无路，年轻人都一窝蜂挤入各兵种的军事学校，我特别钟情于西点军校，可是有限的名额早就被有办法人的子弟占据了。我只是个升斗小民，于是乎，我到处打躬作揖，鼓起勇气，一一拜访地方上有头有脸的人物，不怕碰钉子，尽量宣传自己：'我是个优秀青年，身体也棒，我平生最大的意愿，是进西点报效国家，如果您的子弟和我处境一样，请问这该怎么办呢？……'"

没想到，这些有办法的人物，经过他这么一说，十之八九都给了他一份推荐书，有的人更积极为他打电话、拜托国会议员，他终于成了西点军校的学生了。

任何人对自己的事，总是怀有很大的兴趣和关切。这位年轻人如果不以"如果您的子弟和我一样"作为攻心战术的话，他哪有今日的成就！

●**注意说服禁忌**

施行劝导说服，是为了起到激励斗志、抚慰创伤、协调关系、导向引路的作用，就其本质而言，它是一种与人为善的美好情操，也是社会成员应该履行的道德义务。然而，为什么有的人怀着一片诚意，苦口婆心地进行说服，到头来不仅得不到对方的感激，反而受到周围舆论的讥讽和指责呢？其根本原因是犯了劝导说服之大忌。

1. **忌激化矛盾**

大量的说服事例表明，因说服而使矛盾更加激化的情况，主要有两类：

第一类是强化了对方本来就不该有的消极情绪，从而火上浇油，扩大了事态。

第二类是"惹火烧身"。因说服方法不当，激怒了对方，使对方把全部的不满和怨恨情绪都转移到了你身上，你成了他的对立面和"出气筒"。

经验告诉我们：要成为一个有修养的说服者，就要有涵养、有博大的胸怀和宽厚仁义的气质。遇到上述情况决不可为了顾全自己的面子而反唇相讥、以牙还牙，使玉帛变干戈。

2. 忌急于求成

人们常说，善弈棋者，每每举一而反三。做别人的思想工作也好比下棋，也要珍视这"三步棋"的做法，要耐心细致、再三斟酌。如果条件不具备就急于求成，不瞻前顾后，总想一劳永逸，其结果往往是事倍功半、"成"效甚微，甚至把矛盾激化。

3. 忌官腔官调

要克服官腔官调，最主要的是应该增强普通人的意识，以普通人的姿态出现在人们面前，彻底改变那种高高在上、唯我独尊、主观武断的官僚作风和指手画脚、发号施令的作风。还必须注意坚持实事求是的态度，慎用套话，加强语言表达能力的培养。

4. 忌空洞说教

要避免空洞说教，尤其要从以下三个方面下功夫：

（1）道理要入辙合拍。

（2）思想观点要明确。

（3）语言要朴实新颖。

5. 忌不分场合

如果不分场合，信口开河，不管人前人后，指名道姓地施行对人说服，效果往往不佳，搞不好还会出现与说服者的良好动机截然相反的说服结果。

如何掌握说"不"的艺术

拒绝别人是一件极尴尬的事情，特别是对于喜欢讲人情的中国人来说，它会使被拒绝者不快，严重的还会使气氛变得阴冷，甚至影响彼此的交情。所以，我们应该掌握说"不"的艺术，让别人心平气和地接受拒绝。

●推托拖延

推托拖延的具体方法有两种：

一是借他人之口加以拒绝。

营业员小王在自行车商店工作，一天，他的一个朋友来店里购买自行车。他的这位朋友看遍了店里陈列的车子，都不满意，要求小王领他到仓库里去看看。小王面对朋友，"不"字出不了口，于是他笑着说："前几天经理刚宣布过，不准任何顾客进仓库。"尽管小王的朋友心中不是很满意，但毕竟比直接听到"不行"的回答减少了几分不快。

二是拖延时间。

小张得知小周的店里卖电视机。他来到小周的店里，说自己急着想买台电视机。小周示意他看看排队的顾客，对小张说："今天看来不行了，下次吧。到时间我再告诉你。"

有时候也可以把上述两种方法结合起来运用。我们来看下面这个例子。

某单位一个职工找到车间主任要求调动工种，车间主任心里明白办不了，但他没有马上回答说"不可能"，而是说："这个问题涉及好几个人，我个人决定不了，我把你的要求带上去，让厂部讨论一下，过几天答复你，好吗？"

这样回答可以让对方明白：调工作不是件简单的事，存在着两种可能，让对方思想有所准备，这比当场回绝效果要好得多。

● 隐晦曲折

有时，对一些明显不合情理或不妥的做法必须予以回绝，但为了避免因此引起冲突，或由于某种原因不便明确表示，可采用隐晦曲折的语言向对方暗示，以达到拒绝的目的。请看下面一段对话。

甲："我们的意图是使下次会议能在纽约召开，不知贵国政府以为如何？"
乙："贵国饭菜的味道不好，特别是我上次去时住的那家旅馆更是糟糕。"
甲："那么您觉得我今天用于招待您的法国小吃味道如何？"
乙："还算可以，不过我更喜欢吃英国饭菜。"

乙方用"美国饭菜不好""法国的饭菜还可以""喜欢吃英国饭菜"，委婉含蓄地拒绝了在美国、法国开会的建议，暗示了希望在英国举行会议的想法。

此外，也可以用绕圈子的形式来达到回绝的目的。

有一个老板，一天把一个青年雇员叫到办公室，对他说："小伙子，我真难以设想，如果我们公司没有你，我们的日子将怎么过，但是从下星期一开始，我想试试看。再见。"

这位老板绕着圈子，避开了"辞退"的字眼，用动听的语言达到了回绝对方的目的。

苏轼、苏辙兄弟在京当官时有一个老友来访，想求他们帮忙，弄个一官半职，但许久未见着落。有一天，那人见了苏轼，说："请你给想想办法吧！要不让令弟给我帮帮忙也好。"苏轼没有表态，却给那人讲了一个故事。他说："有一个人穷得混不下去了，想靠盗墓弄点钱财。他连挖了几个墓，一无所获。他看到跟前有伯夷和叔齐的墓，就先挖开了伯夷的那个墓。墓里面有人叹声道：'我伯夷在首阳山挨饿，瘦成了一把骨头，我是无法满足你的要求的。'盗墓人听了，懊丧地说：'那我只好再把叔齐的墓挖开，碰碰运气！'伯夷说：'你还是到别处另想办法吧！你看我这般模样，就知道我老弟那里也是无能为力的了！'"那人听了后，开始一愣，但很快便面红耳赤，知趣而去。

苏轼面对老友的请求，既不愿破坏旧日情谊，又不愿答应其非分之求，于是便用故事曲折地来表达自己的态度。他采用隐喻的办法，用故事中的伯夷和叔齐自比为他和弟弟苏辙，从伯夷的嘴里说出拒绝的话毕竟方便些，终于间接地拒绝了当年的好友。

● 避实就虚

避开实质性的问题，故意用模棱两可的语言做出具有弹性的回答，既无懈可击，又达到在要害问题上拒绝做出答复的目的。

第二十四届奥运会在汉城（2005年改名为"首尔"）举行，第二批中国奥运代表团成员到达汉城时，记者纷纷问李梦华："中国能拿几块金牌？""中国能超过韩国吗？"李梦华答道："10月2日以后，你们肯定能知道。"记者又问："中国的新华社曾预测能拿8至11枚金牌，你认为客观吗？"李梦华回答很巧妙："中国有充分的言论自由，记者怎么想，就可以怎么写！"

●延时拒绝

在别人向你提出请求时，如果你能做到，就可以答应别人，但如果你感到这一请求超出了你的能力范围时，你当然可以立即回绝："不行，这个忙我帮不了！"但是你如果用延时法来说："嗯，我来想想办法，是不是能办成我一定尽快给您一个回音，您看怎么样？"如果你过一两天再打电话表示无能为力，那至少你不是"一口回绝"，你是已经尽心尽力了。有时候，被拒绝的人耿耿于怀的往往是别人回绝时的态度，或是官腔十足，或是盛气凌人，或是漫不经心。若是别人已经尽心竭力，那么即使事情最终没有办成，也不至于牢骚满腹。

有时，在直接拒绝时也可使用延时法。

小张想观摩一位特级教师上课，那位教师显然出于谦逊婉言谢绝，他说："行啊，说开课就开课。不过这课要开得成功，开得让学生、老师都满意，还得符合教改精神，得让我好好考虑考虑教学方案。看来你得给我一年时间。这365日我得天天想，多痛苦啊！"

这位教师对小张的请求采用了延时法予以拒绝。本来，别人慕名来观摩自己的课对自己来说是一种尊重，如果直接拒绝，会使对方认为自己不识抬举。而采用"拖延"的技巧来拒绝对方，先爽快地答应，然后把时间推到一年之后。谁都知道，准备一堂课怎么也用不了一年的时间。因此，请求者也明白这位教师是在间接地谢绝，当然也不会勉为其难了。

●幽默拒绝

在拒绝别人时，采用幽默的方式往往能使对方对我方的委婉回绝心领神会，从而避免了尴尬。那么，幽默拒绝法为什么能起到改善气氛、避免尴尬的作用呢？就因为幽默逻辑所起的作用。幽默逻辑与一般逻辑的不同之处在于它并不像一般逻辑那样运用概念、判断、推理来证明，而是通过沟通彼此的情感以达到交流的目的。只要运用得当，这种拒绝法一般能收到较理想的效果。

据说美国总统罗斯福当年在军界服务。他的一位朋友想从他嘴里打听一项机密。罗斯福当然不能泄密，但他也不愿伤害朋友。于是他悄悄地向朋友问道："你能保守秘密吗？"那位朋友以为罗斯福要他保证不向别人说才肯将机密告诉他，于是便连声答应："当然，我一定保守秘密，不告诉任何人！"这时，罗斯福说："你能保守秘密，那么，我也能！"他的朋友一怔，然后大笑起来。这里罗斯福的幽默拒绝法收到了成效。

但当朋友们的要求是善意的，并且是为你着想的，而你又不想接受，这时该怎么办呢？如果你能够以一种轻松、幽默的方式告诉别人你的心意，那就太好了。

意大利音乐家罗西尼生于 1792 年 2 月 29 日，因为每 4 年才有一个闰年，所以等他过第 18 个生日时，他已 72 岁。他说这样可以省去许多麻烦。在过生日的前一天，一些朋友来告诉他，他们集了两万法郎，要为他立一座纪念碑。他听了以后说："浪费钱财！给我这笔钱，我自己站在那里好了！"

罗西尼本不同意朋友们的做法，但他没有正面回绝，而是提出一个不切实际的想法："给我这笔钱，我自己站在那里好了！"含蓄地指出朋友的做法太奢侈，点明其不合理性。

●假设拒绝

当别人所提出的要求你无法办到时，你还可以用假设的方法，虚拟出一个按他的要求可能产生的后果，这样的后果是他所不能接受的。这样，就等于拒绝了他。但这种拒绝不是由拒绝者说出来的，而在拒绝者假设的引导和启发下由被拒绝者自己得出的结论，因此不至于引起不快而反过来可以给被拒绝者以教育和启发。

有一位同志，当亲戚想托他开后门在他工作的厂里买台便宜的空调时，他爽快地说："要便宜，这好办，你愿出多少都可以，余下的由我贴补就是了！"这样的后果恐怕任何一位想占便宜的亲戚都无法接受，结果自然是免谈了。

"假设"拒绝法的妙处在于用了"明允实拒"的方法。从表面上看似乎没有拒绝，有时候甚至是十分痛快地答应下来，但事实上却把一种你无法接受的事实放在你的面前，让你不得不马上撤回你的请求。

●反攻为守拒绝

反攻为守拒绝法就是在对方向我们提出请求前就已意识到其目的，这时就先向对方提出类似的请求，反攻为守，对方自然就无法开口求助，从而达到婉言拒绝的目的。下面就是这样一个典型的例子。

个体户刘某听说工商局局长的儿子要向他借一大笔钱。他知道这钱如果出手，就有可能是肉包子打狗——一去不回，但又不想得罪这位公子。于是他灵机一动，在工商局局长的儿子刚一进家门时，就立刻说："你来得正好，我正想去找你呢，这两天可把我急坏了，有一批货非常便宜，可人家非得要求一口吞，我怎么也凑不齐这笔资金，正想找你拆借几万呢。"对方一听这话直懊悔自己到和尚庙借拢梳——走错门了，赶紧搪塞几句走了。

刘某在这里抓住时机，反攻为守，从而使对方在毫无心理准备的情况下被拒绝，其目的也自然难以达到。

●自嘲式拒绝

生活中常会出现这样的情况，别人因为你的名气或地位向你提出请求或邀请，并不是你本身符合某种条件，这时直接拒绝了众人，可能会使大家很没面子，非常扫兴。在这时不妨在自己身上找一个与之相关的缺陷作为借口，用风趣的语言自我嘲讽一番，向对方暗示自己不情愿也不合适答应其请求，往往会收到较好的效果。林肯就曾采用过这种拒绝方式。

有一次，林肯不得已出席了在伊利诺伊州布罗明顿召开的报纸编辑大会。会上他发言说自己不是一个编辑，所以出席这次会议是很不相称的。

为了说明这次会议最好不出席的理由，他顺便给大家讲了一个颇具幽默性的小故事："有一次，我在森林中遇到一位骑马的妇女。我站住让路，可她也停了下来，目不转睛地盯着我的面孔看。她说：'我现在才相信你是我见到过的最丑的人了。'

"我说：'你大概讲对了，但是我又有什么办法呢？'

"她说：'当然你已生就这副丑相，是没有办法改变的，但你还是可以待在家里不要出来嘛！'"

大家为他的谦逊和幽默欢笑不止。

报纸编辑大会的组织者之所以邀请林肯，是因为他是总统，因此，林肯的出席显得不伦不类。林肯讲了一个有趣的小故事，嘲笑自己长得太丑，不宜出席这种公共活动。这个借口听起来滑稽荒诞，但是暗示了林肯的拒绝。此消息传出去之后，应该不会再有人邀请林肯参加一些风马牛不相及的活动了。

●赞美中拒绝

如果你要拒绝的对方提出的要求有一定道理，但没看到其不利之处，这时拒绝其要求，首先可对其长处进行赞美，进而婉转地提出缺陷，从而使对方幡然大悟，接受你的提法。

在美国某电子公司的会议上，公司经理拿出一个他设计的商标，征求大家的意见。经理说："这个商标设计了一个太阳，很像日本的国旗图案，日本人见了，一定会乐于买我们的产品。"参加会议的人员都齐声恭维经理的这个设计非常好，一定可以拓展日本市场，给公司带来很大收益。

然而，有位负责销售的年轻主任却说："我不同意这个商标设计。"经理听了一愣。与会的人也都吃惊地看着他。年轻的主任补充了一句话："我是恐怕它太好了！"经理更是丈二金刚摸不着头脑，笑着问："你的话我难以理解，能告诉我为什么吗？"

年轻的主任说："这个太阳设计的主题，确实同日本地域很协调，肯定会获得日本人的喜爱，商品的销售也一定很好。但是，我们公司目前要拓展的不是日本市场，而是中国市场。这显然是牛头不对马嘴！"

经理恍然大悟，兴奋地叫了起来："你的话说得太好了！"

这个事例说明，向上司或有权威的人表示反对或拒绝，切不可直截了当，一定要有充分的理由，要采取巧妙的策略。这位年轻主任先用"太好了"的赞语，给了经理面子，满足了他的自尊心，使他不失体面。接着阐述自己的理由，以"要拓展的不是日本市场，而是中国市场"来加以拒绝。经理觉得言之有理，也不会感到下不了台。

●曲解本意拒绝

一位妇人对林肯说："总统先生，你必须给我一张授衔令，委托我儿子为上校。先生，我提出这一要求，并不是在求你开恩，而是我有权利这样做。先生，我祖父在列克星敦打过仗，我叔叔是布拉登斯堡战役中唯一没有逃跑的士兵，我父亲在新奥尔良打过仗，我丈夫战死在蒙特雷。"

"夫人，我想，"林肯说，"你们一家为报效国家已做得够多了。现在是把这样的机会给予别人的时候了。"

在生活当中，一种情况可以从多个角度评论，引出多种结论。所以，有效的拒绝法之一就是曲解他人之意。因为它更容易使被拒绝者感到行为的无意性。这位为儿子请求升职的母亲在痛说家史之后，希望林肯可以"数功并奖""泽及其子"。而林肯却抓住其中的"劳苦"，引出另一个结论。林肯故意曲解其本意，做出婉言拒绝，以此曲折地表示出对向国家索取者的轻蔑。

还有一个例子：

当威尔逊任新泽西州州长时，他接到华盛顿来的电话，说他的好友，新泽西州的一位参议员刚刚去世了。他非常悲痛。不想几分钟后，新泽西的一位政客给他打来电话。

"州长，"那人吞吞吐吐地说，"我希望接替他的参议员位置。"

"好吧," 威尔逊对这位政客迫不及待的做法非常反感,他接着说,
"如果殡仪馆同意的话,我本人完全赞成。"

生活中你无法回避这样的人:对他相当反感却又不便破坏关系。你不
需要迁就他,还应让他懂得什么是自讨没趣。威尔逊先生对那个觊觎死者
地位的政客采用了曲解其本意的办法,故意回避死者的原有职位,巧借死
者在殡仪馆而进行曲解。语言辛辣,可又不露声色。可以想象电话那边人
的窘态。

☼ 巧妙道歉的技巧

"人有失手,马有漏蹄",任何人都会有做错事情、得罪他人而需要向
人道歉的时候。但是,要做到及时诚恳地道歉并不容易,因为它不仅关系
到自己的面子,更涉及自己或他人的利益。因此,掌握各种道歉的技巧对
我们来说就显得尤为重要。

●错了,就及时承认

如果你错了,就要及时承认。与其等别人提出批评指责,还不如主动
认错道歉,这样更易于获得谅解宽恕。凡是坚信自己一贯正确,发生争端
总是武断地指责对方大错特错从不认错、道歉的人,根本不能服众。及时
认错不会丢脸,不会丧失威信,反而有利于维护形象、提高威信。有错就
承认,并勇于主动承担责任的人,比自夸一贯正确、有错就把责任推给别

人的人，更有威信，更深得别人的信赖、拥护和爱戴。

真心实意地认错、道歉，就不必推客观原因，做过多的辩解。就是确有非解释不可的客观原因，也必须在诚恳的道歉之后再略为解释，而不宜一开口就辩解不休。否则，你对自己的错误实际上是抱着抽象否定、具体肯定的态度，这种道歉，不但不利于弥合双方思想感情上的裂痕，反而会扩大裂痕，加深隔阂。所以说，道歉需要诚意。当双方成见很深，对方正处在火头上，好话歹话都听不进时，最好先通过第三者转达歉意，待对方火气平息之后，再当面赔礼道歉。有时当务之急不是先分清谁是谁非，而是要求双方求同存异，去对付共同面临的困难或"敌手"。如双方僵持不下，势必两败俱伤。如一方先主动表示歉意，就有可能打破僵局，化紧张为和谐，乃至化"敌"为友，双方合作共事。

道歉应语气温和、坦诚，目光友好地凝视对方，并多用如"包涵""打扰""指教"等礼貌词语。道歉的语言，以简洁为佳。只要基本态度已表明，对方也已通情达理地表示谅解，就切忌啰唆、重复。否则，对方不能不怀疑你在以小人之心度君子之腹，唯恐他不谅解。

●没有错，有时也道歉

明明没有错，也赔礼、道歉，这不是虚伪吗？不是卑怯吗？不。没有错，有时也需要道歉。

如纯属客观的原因，比如气候变幻无常、意外的交通事故，等等，使你失信，给对方带来一些麻烦、损失，为什么不可以道歉呢？一味地强调客观原因，对方表面上不好责怪，但心情总是不愉快的，那就不利于增进友谊。

如果你有事求助于人，对方尽了最大努力，由于受多方面条件的限制，事未办成，但他为此付出了艰苦的劳动。或事虽办成了，但对方付出的劳动、给他带来的麻烦，比你原先预料的要多得多。凡通情达理者，岂能毫无内疚之感，不说几句发自肺腑的道谢兼道歉的话呢？这体现了你对他人劳动的尊重，而且以后有求于他，也好再开口。

如果对方不听你的劝告，闯了大祸，并已给他本人带来了生命、财产的巨大损失，他正沉浸在悲痛之中，此时此刻，你决不能先急于批评对方的错误，更不能埋怨他不听你的劝告，而应先表示慰问，再加上歉意，因为事先你没有再三极力劝阻。以后，再利用适当的时机、场合，双方共同来总结经验教训。凡通情达理者，一定会对你万分感激，并把你当成可信赖的知心朋友。

这些没有错误的真诚道歉，无论在个人、企事业单位的社交活动还是在国家之间的外交往来之中，都是极为正常的表现。

●诚恳地道歉

道歉，有时只不过是"对不起"简简单单三个字，然而有时它却是一种心灵美的外在表现。

一位中国访问学者在美国曾遇到这么一件事：

有一天，她埋头赶路，一边走一边考虑问题，因为有点儿走神，没注意横马路上走来一位男士，一时收不住脚步，一脚踩在男士的鞋上。当然，她脱口而出说了声："I'm sorry！"但令她十分奇怪的是在她道歉的同时，那位男士也说了一声："I'm sorry！"这位女士好奇地问："我踩了你，你为什么要向我道歉呢？"那位男士十分真诚地说："夫人，我想，是因为我挡了您的路您才踩到我脚上的，所以是我妨碍了您，我应该向您道歉！"

从这番话里我们就可以看出，勇于道歉的人，常常是善于体谅别人、善于设身处地为他人着想的人。道歉并非耻辱，而是真挚和诚恳的表现。伟人有时也道歉。

丘吉尔起初对杜鲁门的印象很坏，但后来他告诉杜鲁门自己以前低估了他——这句话是以赞誉方式做出的道歉。有的人虽然道歉了，但总想为自己的过失寻找借口，以保住自己的面子。这样做，只能让人觉得你没有诚意。没有诚意的道歉是不会获得他人的谅解的。

●幽默地道歉

在某些场合，由于不小心的失误或言语不当，常常会给对方造成尴尬的情况。在这时，如能采用风趣幽默的方式进行道歉，则可以使别人感受到这份歉意，从而可以谅解你。从下面的例子中便可以看出这一点。

有一次，费新我先生对客挥毫，写孟浩然《过故人庄》，当写到"开轩面场圃，把酒话桑麻"一句时，不留神漏掉了一个"话"字。旁观者窃窃私语，皆有惋惜之情。费老这天喝了一点酒，于是拍拍脑袋连声说："酒后失话，酒后失话！"并在诗尾用小字补写了这四个字，以示阙如。费老的一句话情趣盎然，使气氛为之一变，在场的人都拊掌称妙、赞不绝口。

费老先生在乘兴挥毫之时不留神落了一个字，未免让人觉得可惜。然而他灵机一动，以"酒后失话"为由为自己辩解，一语双关，情趣顿生，不仅表达了歉意，弥补了缺陷，还为这幅墨宝带来了一段趣话。

在日常生活中，我们经常会遇到一些需要道歉的场合，在这时，幽默的道歉方式常能使对方原谅你。

小王夫妇结婚三年，从未红过脸，前不久，为一笔奖金如何使用发生争执，妻子想用这笔钱买一套时髦的连衣裙，小王想用这笔钱买一个小电饭锅。由于意见不一，双方各执一端、互不相让，妻子怄气不吃饭。小王冷静下来，觉得为这点小事影响良好的夫妻关系太不值得，于是走到妻子面前，作揖道："娘子，区区小事，不必恼气，今日这事乃夫君不是，望娘子宽大为怀，恕罪恕罪！"妻子被他的一席话逗乐了。

小王是借助古代戏曲的台词，把它移到现实生活中来，产生了一种幽默效果。另外，还有讲笑话、开玩笑等方法，也可以逗乐对方，解决矛盾。

●赞美中道歉

在道歉的时候，称赞对方，让对方获得一种自我满足感，知道自己是正确的、别人是错误的，这样能轻而易举地获得对方的谅解。

例如，当你用言语伤害了同一单位一位平常挺关心你的同事之后，你向他道歉，可以这样说："我早就想给你做检讨，当年咱俩一起到单位，你对我一直很关心，像个老大哥似的，后来只怪我不懂事，做了些不恰当的事……""当初说的一些话是我不对，知道你宽宏大量，一定能原谅我的过错。"一般来说，在道歉时大家能做到责备自己，但是却常常忘了称赞对方几句。其实，赞美法是道歉的一个好方法。

及时调解纠纷的技巧

在现实生活中，人们常常因为这样那样的原因而产生矛盾，引起争吵和纠纷。这些纠纷如果不及时解决、"化干戈为玉帛"的话，必然会给彼此的工作生活造成不良影响。所以，我们一定要善于调解各种纠纷，使周围的人关系融洽、工作愉快。

●调解纠纷的语言艺术

随着商品经济的发展和人们法律意识的增强，民事、经济纠纷的数量和种类日渐增多，而且由于普法教育的深入开展，过去劝一劝、压一压就可平息的纠纷，现在却不那么简单了，这就对调解语言提出了更高的要求。

人所共知，调解意在向当事人晓以法律，通过摆事实、讲道理、论是非，促使负有责任的一方明确自己的法律责任，使享有权利的一方谅解对方的过错，在打通思想、提高觉悟、统一认识的基础上握手言和。而要达到这个目的，调解人员必须站在公正的立场上，代表严明的法律，不得带有倾向性，这是调解语言成功的前提和保障。在具体的民事调解实践中，要使调解语言顺利地为调解对象所接受，还需注意以下几点。

1. **言辞恳切，合法合情**

既然是调解，那么调解的双方均属于没有什么严重冲突的人民内部矛盾，应以和平解决为最佳途径，这就要求调解语言既符合法律规范，又要符合调解对象的特定心理。有时调解语言虽然合理、合法，却不合"情"。可见，调解语言不可生搬硬套，必须根据调解对象的不同心理特点，选用不同的调解语言。

2. **因人而语，忠言不逆**

世人常说"良药苦口利于病，忠言逆耳利于行"，但随着科学技术的迅速发展，良药也裹上了糖衣，变得可口了。既然良药未必苦口，那么忠言也未必逆耳，这就取决于说话方式方法的优劣了。调解人员要抓住调解对象的自尊心理、爱面子的心理，从维护双方名誉出发，晓之以理，动之以情，使忠言的表达深刻得体，忠言也变得顺耳利行了。

3. **先表"赞同"，后诉歧异**

调解员在进行调解时，由于其特定的身份，往往使调解对象持有紧张、戒备乃至对立的情绪。要使自己的意见易于被调解对象接受，不妨适当采用"赞同"的方法，即强调谈话双方在某一方面的"一致性"，如强调共同愿望，或者肯定对方某一点意见的正确，等等。这种寻找"一致性"的方法，有助于打消调解对象的对立心理，平定激动情绪，从而理智地、心平气和地接受自己的正确意见。这种找共鸣点、先赞同长处后驳斥短处的调解语言，既使调解对象的委屈、愤怒心理得到了平衡，又使其顺其自然地接受了自己的意见，收到了事半功倍之效。

● 唤起当事人的荣誉感

一个人曾经拥有的荣耀和嘉奖常常会成为鞭策其严于律己的动力，但是在吵架的过程中，人们由于情绪激动，往往容易忘记平时对自己的要求。因此，调解人员应该适时地点明争吵者引以为豪的地方，唤起他的荣誉感，使他认识到作为一个受人尊敬的人，应该克制自己的情绪，用理智来解决问题，这样才无愧于自己的荣誉，于是自觉放弃争吵。

在一辆公共汽车上，乘务员关车门时夹住了乘客，但自己还不认账。这时，一位名叫小丁的青年打抱不平，对乘务员说："你是干什么吃的！不爱干，回家抱孩子去！"两人吵了起来。这时，站在小丁旁边的一位老者发话了，他拍了拍小丁的肩膀说："小丁，你当机修大王还不够，还想当个吵架大王吗？"青年说："师傅，我可不认识你呀！""我认识你，上次我去你们厂，你站在门口的光荣榜上欢迎我，那特大照片可神气呢！"小伙子的脸一下子红了。老者说："以后可不要再吵架了，这不是解决问题的办法嘛。"一场纠纷就这样平息了。

在这个例子里，被唤醒的荣誉感发挥了很大的作用。小伙子由于打抱不平而与人争吵，那位老者及时地提醒他回想起自己曾上过光荣榜，暗示他吵架会损害他的荣耀。小伙子意识到这一点之后，立刻为自己的冲动感到惭愧，于是很快恢复了平静。

●强调争执双方的差异性

这种方法是指不对争执双方做人格上的评价，而强调双方在性格、能力等方面的差异性，在客观上起到褒贬的效果，从而化解争执。人们在吵架的时候，经常为了谁对谁错、谁好谁坏而争执不休，直接褒贬至少会引起一方的不满，甚至伤害其自尊心。因此，劝架者在对一方进行劝解时应该避重就轻，不对双方道德上孰优孰劣做出判断，而是强调二者在个性、能力上的差异，在客观上肯定一方，使其心里得到满足并放弃争执。

小陈和小杨是某学校新来的年轻教师，小陈心思细密，考虑事情周到；小杨性情有些鲁莽，但业务能力较强。一次，两个年轻人发生了争执，小陈说不过小杨，感觉很委屈，跑到校长那里诉苦。校长拍拍小陈的肩膀说："小陈啊，你脾气好，办事周到，这个大家都清楚，也都很欣赏，可是小杨天生是个暴躁性子，牛脾气一上来什么都忘了，等脾气过去就天下太平了。你是一个细心人，懂得从团结同事、搞好工作的角度看待问题，你怎么能跟他一般见识呢？"一番话说得小陈脸红了起来。

这是一个强调双方差异来解决纠纷的典型例子。校长没有直接批评小杨，而是反复强调小陈脾气好、小杨性格暴躁，这实际上是通过比较两人截然不同的性格来肯定小陈待人办事的方法是正确的。小陈领悟到校长的意思，自然也不会再跟小杨计较。

●重点突破一方

这种方式是指与较通达的一方相配合，通过适当的方法解开较固执一方的心理疙瘩，打消其怨气。在产生矛盾的双方中，经常有一方比较容易说话、另一方比较固执的情况，而且往往因为固执一方坚持己见、不肯忍让而造成双方僵持的尴尬局面。此时，劝解者应该抓住矛盾的主要方面，利用较通达一方希望和解的心理并与之积极配合，主要针对固执一方做工作，只要解开了他的心理疙瘩，问题也就迎刃而解了。

1943 年，苏、美、英三国首脑在德黑兰会谈。斯大林严肃、冷淡，而且沉默寡言。罗斯福试图想尽一切办法来打破斯大林的缄默，但三天过去了，毫无进展。到了第四天，他决定采取一个新战术。他先在暗中对丘吉尔说："温斯顿，过一会儿我将要干一些事情可能和你无关而冒犯你，我希望你别恼火。"

罗斯福先和斯大林进行个别谈话，谈得好像十分友好而投机，结果引得其他苏联人也来旁听。斯大林脸上仍然没有笑意。这时候，罗斯福用手遮着口角，低声说道："温斯顿今天早上真有点儿古怪，他从床的一头转到另一头，不知他在干什么。"此时，斯大林的眼神微露笑意。随后，他们坐在会议桌前时，罗斯福用一连串无聊的话取笑丘吉尔，说他的英国绅士风度、他的大雪茄、他的古怪动作，又讲了约翰牛（指英国人）的种种笑料。斯大林开始有所动，可丘吉尔满脸涨红，瞪目怒视。他越恼火，斯大林越发感到可笑。最后，斯大林终于禁不住哈哈大笑起来。罗斯福接着讲下去，一直讲到大家和斯大林一同欢快地大笑为止。此后，斯大林称罗斯福为"约瑟大叔"，经常向他露出笑容，还常常主动和他握手。

在本例中，斯大林的傲慢和顽固使得谈判出现了僵持的局面，阻碍了会议的顺利进行，而丘吉尔相对来说比较容易相处。在这种情况下，罗斯福抓住斯大林这个"主要矛盾"，事先暗示丘吉尔，然后对丘吉尔开一些善意的玩笑，这些玩笑正好迎合了斯大林的心理，使他很快打破缄默，气氛立刻变得轻松起来，尴尬的局面也由此而结束，会谈取得了进展。

●将严肃的问题诙谐化

这种方法是指在双方僵持不下时，采用巧妙的方法将严肃的争执点转化为幽默诙谐的形式，以此来缓和气氛、制造转机。如果纠纷双方是为了一个严肃的问题而互相争执，那么这个问题的严重性带来的压力往往会加深他们之间的相互敌视，促使他们更加坚持己见、互不示弱。为了打破这种僵持不下的局面，调解方应该采取巧妙的方法将严肃的争执点转化为诙谐幽默的形式，使双方的心理压力得到缓解、气氛变得轻松，为问题的解决制造转机。

1972 年，美国总统尼克松访问苏联。一次，在苏联机场上飞机准备起飞时，突然一个引擎发动不起来。此时，在场的勃列日涅夫又急又恼，指着民航部长问尼克松："我应该怎样处分他？"尼克松说："提升他。因为在地面发现故障总要比在空中好。"

不管尼克松是出于对勃列日涅夫的讥讽，还是出于庆幸，这个小幽默的构思还是相当精巧的，思路是开阔灵活的。这起码使尼克松给人一个开朗、乐观、从容的印象，也可以缓解一下当时紧张、窘迫的气氛。

●模糊解决

同事之间或者上下级之间因为一点小事而争执不下，以至于矛盾激化，主要原因倒不是因为争执的双方认为自己有多么正确，一定要捍卫"真理"，而是为了维护自己的面子，只好通过试图压倒对方来获得平衡，而这显然分外困难。那么，作为调解人，此时根本没有必要指明谁是谁非，以免进一步激化矛盾，而只需给出一个模糊的解决方案，让争执的双方都有台阶下就可以了。

有两位中级主管近来行动反常，双方感情恶化，公司经理便把他们两人找来，动之以情："你们两人就如同车子的两只轮子，只要有一方脱离，整个车子就无法动弹了。希望你们同心协力贡献力量，把工作做得更好。"

两位中级主管缺乏作为总经理助手应该怎样做的自觉意识，缺少公司是一盘棋的观念。于是经理便又用助手的比喻来加以说明："部门的职能就像一位家庭主妇，主妇如能尽心尽力地把家弄好，这位户主在公司才能安下心来去闯事业。"

经理没有判明谁是谁非，而是干脆给出了一个"各自分路而行"的解决方案，让两人都有了充分的理由掉转车头，找个台阶下。这样，两人的争执就"不明不白"地解决了。

●委婉规劝

对于相互争执的双方来说，利益固然重要，面子也不容轻视，谁都渴望成为让别人刮目相看的强者。但对于调解人来说，谁强谁弱并不是最重要的，最重要的是大家都能够化干戈为玉帛，为共同的事业倾注心力。为了协调好双方之间的关系，调解人可以不直接批评哪一方或肯定哪一方，

只采用富有情趣的幽默说法，委婉地表达自己的倾向或苦心。

一天，乾隆皇帝在刘墉的陪同下，游山赏景。乾隆随口问了一句："什么高、什么低，什么东、什么西？"饱有学识的刘墉随口即应："君子高、臣子低，文在东来武在西！"和珅见刘墉抢在自己的前面，十分不快，随即相讥："天最高、地最低，河（和）在东来流（刘）在西！"因为当时的皇家礼仪中，上首为东、下首为西，此话暗示：你刘墉再老再有能耐，还是在我和珅的下首。

刘墉知道和珅的用心，心里也极不满。当三人来到桥上时，乾隆要他

们各自以水为题，拆一个字，说一句俗语，写成一首诗。刘墉张口即来："有水念溪，无水也念奚，单奚落鸟变为鸡（繁体为"鷄"）。得食的狐狸欢如虎，落坡的凤凰不如鸡。"和珅一听，好呀！老家伙骂我是鸡！岂能饶过他："有水念湘，无水还念相，雨露相上使为霜。各人自扫门前雪，休管他人瓦上霜！"意思是告诫刘墉，给我当心点儿！乾隆听出了二人不和的弦外之音，重臣不和，有损大清事业！于是，他一手拉一人，面对湖水中映出的三个人影说道："二位爱卿听着，孤家也对上一首：'有水念清，无水也念青，爱卿共协力，心中便有情。不看僧面看佛面，不看孤情看水情。'"二人听罢，心中为之一震，立刻拜谢乾隆，当着皇上的面握手言和。

在皇帝面前，刘墉与和珅都渴望自己成为强者，成为皇帝最赏识的人，因此展露才华、互相贬低，搞得很不团结，此时乾隆如直接褒贬，一定会伤害一方的面子，致使双方的矛盾加深。因此，乾隆故意吟诗一首，通过诗歌来隐晦地传达自己希望二人和好的愿望，避免了对双方面子的伤害，收到了很好的效果。

●表现一方的才能

在日常工作中，上司重用某位下属，主要看重的当然是他的真才实学，但这并不意味着其下属也这样看，特别是一些自恃才高或嫉妒心较强的下属，常常会认为上司是因为某种原因"复杂"的个人好恶而重用该人，于是在工作上不予配合，结果引发了种种争执。在这种情况下，上司应尽量避免表现出自己感情上的好恶（虽然这种好恶是不可避免和理所当然的），而应拿出可感可触的证据来证明被重用者的业绩与才能，让争执者在事实面前心服口服、无话可说。

建安二十二年（217），曹操和孙权在濡须交战之后，各自退兵。孙权留下了平虏将军周泰为镇守濡须的主将。当时，划归周泰指挥的朱然、徐盛等都是江东的名门望族，他们对于这个出自寒门的人来指挥自己，很不服气。孙权得知后，借巡视为名，来到濡须，置酒宴请众将。席间，他乘众人酒酣耳热之际，让周泰露出身上的累累伤痕。孙权指一处，问一处，周泰一一回答是在哪次战斗中留下的。最后，孙权拉着他的手流着泪说："你临战勇如虎豹，不惜自己的安危，以致负伤几十处，我怎能不像亲兄弟一样对待你，把重任托付给你呢？"

从此，朱然、徐盛等人才心悦诚服地听命于周泰。

在本例中，孙权就巧妙地使用了"表现一方才能"的方法来化解争执。他并没有批评朱然、徐盛等人不服指挥，避免他们产生更大的误解，而是在适当的时机让周泰展示其身上的累累伤痕，来表明自己正是因此而看重周泰的。面对周泰身上所记录的勇敢与功绩，朱然、徐盛等人无法不心悦诚服，众将之间的争执也就化解了。

第七章 CHAPTER SEVEN
激励下属张嘴就来

☼ 肯定和赞扬是最好的激励

人们的需求是多层次的，既有物质方面的需求，也有期望实现自我价值，以及被人重视与尊敬等情感方面的需求。所以，作为一位上司，一定要充分运用激励手段，对表现优秀的下属给予恰当的赞美与表扬。这样，不仅能使下属意识到上司对他的肯定和赞赏，而且能给其他人树立榜样，鞭策他们努力工作，从而达到两全其美的效果。赞美下属是一门艺术，上司需在实践中灵活把握。

● 肯定和赞扬下属的重要性

上司所应遵行的领导方法中，有一条叫作激励原则。激励原则就是对下级要坚持物质和精神的鼓励与表扬，并在具体工作中以鼓励和表扬为主，最大限度地调动下级的工作积极性。

上司究竟怎样做才能最大限度地发挥手中权力的功效？是多斥责、贬损，还是重在肯定、赞扬？这既是工具理性问题，更是价值理性问题。政治家从事政治——"管理众人之事"（孙中山语），就必须深谙并尊重众人的脾性，把大家的积极性最大限度地调动起来。超越下属的心理习惯、文化构成，权力的运作就会违拗众人，得不到好的效果。

对于下属的成绩应该肯定和表扬，这是因为：

第一，能使下属对上级的指令获得更深刻、更全面的认识。在下属的成绩面前，上级赞许地说："你做得对、干得好！"那么下属在欣喜、愉悦之中便自然会领悟到这种"对""好"原来是以上级的价值取向和操作规范衡量出来的，同时也自然是上级部署的现实化。这样，每一次受到赞扬，便是对上级决策的不可移易性的一次新的确证。

第二，通过下属自己的成就感的获得，使其更加深信自身能力和自我价值。仅仅让下属领悟到上级的坚强和能力是不够的，甚至是有害的。下属们倘若在上级的巨人形象面前只感到自己的低能、卑微，产生自我人格萎缩效应，那么再高明的上司，都会面临莫大的隐忧和危险。真正的强人很重要的一点特质就是能使身边的众人毫不畏缩，拥有坚定的人格信念。上司应该善于相机向下属灌注"你行"的精神激素。要实现"强将手下无弱兵"，很重要的就在于"强将不言兵弱"。

第三，对获得成功的下属的褒扬必然激发下属间的竞争。下属的创造活力、开拓精神常常因彼此之间成就的差异而被激活。而上级对某个成绩斐然的下属进行的称赞，更会人为地加剧这种差异，使更多的人胸中平添一种蓬勃向上之气，产生"你行我也行""你行我更行的"的竞争意识。这正是事业发展的基本动力源。那种以为张扬下属的成绩会破坏大家的心平气和，造成离心离德的见解，是一种要不得的庸俗见解。

第四，对下属成绩和良好思想品格的肯定和赞扬，实际上就是对另一种与之相对立倾向的有力的否定和批评。直接指斥某种倾向的危害，明白地提出某种诫令，不失为一种可行的常规办法。但是平心而论，这只能是一种辅助手段，其效力不会更深远。实际上指出"什么不好""不要干什么"，只能解决眼前的问题，因为人的精神和行为不会出现空白，不干这个便会干那个，而干那个是否正当，可能又是问题。倘若及时向人们说明"什么好""应该干什么""怎样干"，那就从根本上解决了带有过程意义的问题。所以，规范下属的行为，肯定、赞扬要比否定、批驳来得更为直接。正是从这个意义上说，榜样的力量是无穷的。下属的活动一般来说，都是自觉地指向上级确定的目标，遵循着上级的规约展开的，主观上是希冀成功、得到奖励的。然而，由于受到个人的智力、学识、经验以及种种随机因素的制约，其活动结果不尽如人意甚至出现大的差池也是不可避免的。

在失误、败绩面前，下属内心惴惴，上级该如何处置？简单的方法当然是论过行罚。但是，只有这一条并不明智，更为智慧的处置应该是宽容。

在必要的批评和处罚之外，应该言辞中肯、情意温馨，对其过失之外的成绩、长处予以肯定，对其深切的负疚感、追悔心予以彰明，对其奋发进取的心予以抚慰和信赖。这样一来，当事人就会由悚惧而看到希望，决心日后努力工作、将功补过。

●称赞要有事实依据

上司赞美下属首先要明辨是非、鉴别良莠，将自己的称赞建立在事实根据的基础上。这样，"铁证如山"，大家才能心服口服、自觉效仿，使上下级之间以及下级之间的关系保持和谐和团结，"包青天"的形象才能悄然而立。例如，有位副处长由于不能明察秋毫，仅依经验，随意称赞而受到深刻教训。

小刘和小王都是处里新来的同志。小刘比较机灵，初来乍到表现积极，早上坚持提前半小时到单位，打开水、扫地等活儿抢着干。副处长看在眼里，喜在心里，表扬常常挂在嘴角。时间不长，小刘满足后就没有恒心了，不再提前上班，反而常常迟到。小王则后来居上，打开水、扫地悄悄干。但副处长却不知道办公室早已进行了"改旗易帜运动"，仍在一次会议上说："小刘同志到处里以来，工作认真积极，打开水、扫地等活儿干得最多，应该提出表扬。"言毕，小刘顿时脸红，小王则心里荡起一阵微澜。会后连续一星期，开水也没人打了，地也没人扫了。小王决定以自己的暂时"罢工"向副处长证明一点什么。这位副处长终于沉不住气了，问处里其他同志，才恍然大悟，知道自己表扬错了人。

这位上司不能根据事实提出对下属的称赞，只是根据以往的经验主观推论，结果使表扬这一"润滑剂"变成了同事之间矛盾的"催生剂"，不仅伤害了下属的感情，影响了其工作情绪，更损害了自己的形象和威信。

所以，上司赞扬下属要掌握"躬""恒""明"的原则。"躬"就是对所称赞的事情要亲眼所见、亲耳所闻，是切切实实的调查所得；"恒"就是要对下属的工作和成绩进行持久的考察，使自己的评价经得起时间的考验，而不能一叶障目，更不可凭一时所见妄发称赞；"明"就是要对每一位下属的优缺点了如指掌，正确地给每个人定位，以功论赏。

●一定要做到客观公正

上司赞扬下属实际上也是把奖赏给予下属，就应该像给大家分蛋糕一样，做到公平、公正。但有的上司不能摆脱自私和偏见的束缚，对自己喜欢的下属则极力表扬，对不喜欢的下属，即使其取得了成绩，也视而不见，甚至把集体参与的事情归于自己或某个下属。这样做，常常会引起下属的不满，从而激化内部矛盾。

要做到公正地赞扬下属，上司必须妥善处理好下面几种情况。

首先，称赞有缺点的下属要客观。十指伸开都不一样长，下属也是各有长短。有的下属缺点和弱点明显，比如工作能力差、与同事不和，等等，这些缺点一般都被上司厌恶，上司对这样的人也容易产生一叶障目的错误，看不到他们的成绩和进步，或者认为成绩和进步可以与缺点抵消，不值得称赞。

其实，有缺点的人更需要称赞。上司的冷淡和无视很容易使这些人失去动力和力量，无助于问题的解决。而称赞则是一种力量，它可以促进下属弥补不足、改正错误。

陈某上班经常迟到，杨经理看在眼里但没有说出来。一次，陈某来得很早，恰好在电梯口碰到杨经理。杨经理赞扬陈某道："来得很早啊！公司的员工都像你这样就好了！"面对着在场的那么多人，陈某当时可算露脸了，还谦虚地回应了几句。后来，陈某细细琢磨了一下杨经理的话，觉得应该改正错误才能对得起杨经理的称赞。从此，陈某不再迟到了。杨经理虽然表面上没有批评陈某迟到的事，但心里确实不满。他是一个肚量大且公正的人，发现陈某改过立即表扬，收效甚好。

其次，对自己喜欢的下属，称赞时要把握好分寸。上司与下属交朋友很常见，每个上司都有几个比较得意的下属，不仅工作合作愉快，而且志趣相投。称赞这样的下属也要不偏不倚，把握好分寸，不能表扬过分、过多，也不要不敢表扬。

表扬过分、过多，一有成绩就表扬，心情一高兴就夸奖几句，喜爱之情溢于言表，很容易引起其他下属的不满，与其说是搞好上下级关系，倒不如说是在弄僵上下级关系。也有的上司怕别人看出与某个下属关系密切，因而不敢表扬，这也是错误的做法。

上司喜欢某个下属无可非议，但要一视同仁、公平对待，该表扬的表扬，该批评的批评，不能区别对待。对自己喜欢的下属可以做私下的朋友，相互帮助，相互促进，但感情归感情，工作归工作，在工作上还是应该严格要求、公平对待。

再次，称赞比自己强的下属要公正。现代社会中什么能人都有，许多企事业单位里也不乏"功高盖主"的下属，一些下属在某些方面的能力超过上司，从而使上司处于一种不利的局面。小肚鸡肠的上司往往会容不下下属的这些强己之处，对这些强人或超过自己的人不敢表扬，甚至采取打压的办法，这也有失公正。刘邦在这方面就做得很好，能够公正地称赞臣下。

一次，刘邦在与大臣谈论打败项羽的原因时，除了说明自己会用人之外，还赞扬张良、萧何、韩信道："要说运筹帷幄之中、决胜千里之外，我不如张良；要说整治国家、抚慰百姓、供应给养、保证粮道畅通，我不如萧何；至于统一指挥百万军队、攻无不克、战无不胜，我就不如韩信。"

一个封建帝王竟然能有此等胸怀，公正地称赞大臣的才能，实在值得当今的很多人仿效。

最后，不要把集体的功劳归于一个人，更不要据为己有。工作成绩往往是下属和上司集体智慧的结晶，是齐心协力的结果，在评功论赏时要表扬集体，而不能归于一个人，不能有失公道。有的人贪功心切，为向上司请赏，汇报工作时往往将成绩据为己有，这种做法其实很不明智，迟早会露馅儿。

●表扬要实在，不能大而空

例如，一位技术员在某一项技术难点上有了新的突破，上司如果这样表扬："世上无难事，只要肯登攀。海阔凭鱼跃，天高任鸟飞。××同志的行动充分体现了一个新时期青年的拼搏意识和革命英雄主义精神！"这样的言辞给人感觉大而空，难以达到预期的目的。上司应这样表扬："我坚信你一定能突破这一点，现在你终于成功了，真该好好祝贺你！最近你花去了这么多休息时间，真让我们过意不去。"这种表扬既充满了对下属的信任，也能激起被表扬者的自信心，而且充满了对下属的理解和爱护。下属付出的劳动得到理解，不管多苦多累也心甘情愿了。这样的表扬语可称之为有价值、讲艺术的表扬语。

●表扬要突出重点，同时兼顾左右

肯定和赞扬有成绩的下级，不可避免地要造成未受肯定和赞扬的下级的心理失衡，这对于激励众人使之感奋是必要的。但是这种效果一般情况下只应客观生成，上司不应采取双管齐下的方式。因为个体之间的差异有着条件性，某人有一种长处，而其他人不具备特定条件，就不一定能够形成这种长处。如果对某个下级的长处极度赞誉，而对其他不具备此种长处的众人倍加贬损，那将会严重地损伤众人的自尊心和对上司的依赖。这样表扬下级不但收不到预期效果，相反可能会酿成上司、被表扬的下级以及未被表扬的众人之间的疏离。

有一个小组工作成绩不错，每次都在全厂名列前茅。但是小组中只有几个工人（张某、王某、李某）表现特别突出，而大部分的工人成绩平庸。厂长在视察时很清楚地知道这一点，但他或者是为了照顾大家的情绪，或者是不习惯在群体中表扬个人，他说："大家都工作得很好，继续保持和努力呀！"整个小组都得到了表扬而没有突出个人，其结果只会打击了几个特别突出的工人的积极性，使他们向普通工人靠拢。如果他这样说："这个小组成绩不错啊！其中张某、王某、李某工作效率尤其高，单位小时完成件数达到了×件，这在全厂都是数一数二的，其他人还要继续努力向他们学习。"

这种表扬方式既做到了突出重点，又不损伤其他人的自尊心，效果往往更好。

●表扬要具体，用事实说话

在现实中，有的上司表扬时常常犯空泛而不着边际的毛病。比如，"某某的工作很好，值得大家学习。"至于好在什么地方，人们无法具体把握。在表扬中如果能具体地讲清表扬原因，则可以体现出上司对下属的关心和表扬的诚意。

例如："老王，你今天上午处理那件事的办法很恰当。我之所以认为你处理得恰当，是因为你极具耐心地接纳顾客投诉、委婉地解释、调查顾客意见以及及时采取补救措施。"比只说"老王，你今天上午处理那件事很恰当"表达的意思更为完全，更显出你的诚意，表扬的效果更好。

●表扬要公开及时

一个人工作表现好、取得好成绩、提出好建议等，都应该趁热打铁，及时表扬。因为一个人在干完一件事后总希望尽快了解它的价值和社会反应。如果得到及时肯定，会给他带来愉快，使他的行为得到保持和再现。如果当下属都已淡忘时上司再重提旧事进行表扬，效果必然不好。

一般情况下，上司应公开地对下属表扬，这样可起到奖励先进、促进后进的作用。当然，对于有些害怕当众被表扬的人，可以采用个别表扬的方式。

●扬长也要论短，增进下属认识

下属的长处固然需要及时给予肯定和表彰，但是诚如《国语》所说："声一无听，物一无文。"倘若上司只在下属的长处和成功面前来一声喝彩，那么这样的肯定和赞扬就会显得过于单调，既不能起到上面所说的增进认识的作用，也会有损于上司在下属心目中的形象，造成上司的角色模糊。

事实上，任何一个下属的长处都连着短处。所以，肯定和赞扬的内容决不可采取孤立截取的方式。上司愈是在常人不曾觉察之处，独具慧眼地发现下属的长中之短，那么上司的威信和可信赖度就愈高。上司对下属的绝对肯定同对下属的绝对否定一样是有害的。绝对的否定会使下属沮丧困顿，而绝对的肯定会使下属的进取意志逐渐消磨。上司在充分肯定下属长处的同时又伴以论短的言辞，这样既会使下属在心理上对自己的短处造成比只受批评时更乐于接受，又会使赞美的语言变得刚柔并济。

●切忌过于拔高

上司肯定和赞扬下级的语言不可温暾，要具备应有的热度。但是如果不适当地过高评价了下属的成绩，人为地赋予成绩本身不曾有的意义、价值，乃至流于庸俗的捧场，那么这样的肯定和赞扬就会产生以下负面效应：

第一，会使受肯定和赞扬的下级产生盲目的自我膨胀心理，误以为自己的做法真的具有那样高的意义和价值，从而坠入"一览众山小"的迷雾中，损害其开拓意识。

第二，会造成其他下属的逆反心理。人们崇敬的是真正的楷模，而不是人为拔高了的典型。对于名不副实的样板，人们会由不服气到猜忌，由猜忌到厌弃，这就不但起不到应有的示范作用，反而会离散下属之间的团结协作关系。

第三，容易滋长下属不务实、图虚名、觅"终南捷径"的不良风气。当下属看到小有成就也可得到极高的赞扬、奖励，便会动摇脚踏实地、孜孜以求的信心，这样就难免产生浮夸、造假、沽名钓誉、邀功求赏等现象。本来作为一种激励手段的表扬就会异化成下属心目中的目的，其本来的意义、作用就将被扭曲，乃至丧失殆尽。

恰当的批评也是一种激励手段

古人云："人非圣贤，孰能无过？"当下属做错事情或犯错误时，上司应当及时指出、适当批评，使其不至于出现更大的偏差而影响全局工作。但在批评下属时，要注意方式方法，尽量做到让下属乐于接受批评，并加以改正。外国有句谚语"关键不在于你说什么，而在于你怎么说"，就包含这方面的意思。如果将批评运用得当，那么它就和表扬一样，是激励下级的一种有效方法。这确实需要上司掌握一些批评的语言艺术。

● 否定和批评下级的基本原则

虽说中国有句古训，叫作"闻过则喜"，然而并不是每个人都能愉快地接受别人的批评。上级批评下级，要使下级达到心悦诚服，没有"以权压人""以势压人"之感，必须遵循以下几个原则。

1. 实事求是

进行批评，态度和方法都很重要，但最基本的还是事实准确与否、有无出入、该不该某人负责。如果事先调查不够，事实真相与得到的情况有差异，被批评者就难以接受；如果有人提供了情况，打了"小报告"，上司以此为据，大加批评，那就更加难以服人了。所以，上级批评下级，事实要准确，责任要分清，原因要查明。从实际出发，弄清事情的本来面目，找出问题的原因，合理地分清责任，这样才能使批评有理有据，既不夸大，又不失察，下级当然会心服口服了。所以，上级批评和否定下级，必须以事实为依据，不能随心所欲，更不能以感情代替原则。

2. 自责在先

否定和批评下级，固然是因为下级有了过失，但与此同时，处于指挥和监督岗位的上级，也有不可推卸的间接责任。假如上级仿佛没自己什么事儿一样，盛气凌人，只把下级批评一顿，却不肯承担责任，下级便有自己在上司心目中一无是处的委屈之感，虽然表面未必反驳，但心中已耿耿于怀，成了上级工作的对立面。因此，在批评下级时，上司最好首先自责，进而再点出下级的错误，使下级有上司与他共同承担错误之感，产生负疚之情。这样，在以后的交谈中上司说多说少、说深说浅，下级不仅都能基本上承受得了，而且还融洽了彼此之间的感情，不至于弄得不欢而散。

3. 对事不对人

正确的批评应该是对事不对人。虽然被批评的是人，但绝不能搞人身攻击、情绪发泄，因为要解决的是问题，目的是今后把事情办好。只要错误得到了改正、问题得到了解决，批评就是成功的。因此，上司必须首先弄清事情的来龙去脉，据此同下级一起分析问题的成败得失，做到以理服人。由于对事不对人，下级便会积极主动地协助上司解决问题。反之，不分青红皂白，撇开问题而教训人，就容易感情用事，使下级误以为上司在蓄意整人而引起思想疙瘩，一时难解。

4. 因人而异

既然批评是针对人的工作，就必须因人而异。那种企图用单一的模式生套现实问题的做法，只能适得其反。因人而异，就必须考虑被批评对象的各种具体情况。

不同行业有不同行业的批评要求；同一行业，不同工种、不同级别有不同的否定艺术。对工作能手和初学者，对担任管理工作的下级和一般工作人员的批评也应该是不一样的。一般来说，随着下级工作熟练程度和岗位级别的提高，要求应该越来越严格，虽然方式各有不同。

同样的问题，对不同年龄的人的批评也是有差别的。对年长的人，一般应用商讨的语言；对年龄相差不多的人，就可以自由一些，毕竟彼此共同的地方多一些；对年少的下级，就应适当增加一些开导的语句，使其印象深刻。并且，批评时的称谓也是有差别的。对年长的人加上谦辞，如：以"老"字做前缀（"老王同志"）、以职务为后缀（"李教授""张主任"）等，就显得很郑重、有礼；对同龄人的称谓可以多少随便些，一般可以直呼其名，或用些常用的称呼法，显得随和些；对年少的人称谓多以"小"字做前缀，如"小孙""小刘"，显得亲切。假如彼此不太熟悉，可以适当换用郑重一些的称谓。总之，不同年龄的人有不同的特点和要求，运用否定和批评的语言艺术不可等同视之。

5. 批评也要适度

但凡为人处世都要有个"度"，否定和批评下级也是如此。度是一个哲学范畴，它指一个事物保持自己质的数量界限。在实际生活中，人们习惯于称"度"为"分寸"，也就是说，为人处世要适当、适度，要讲究分寸，过与不及都是应当避免的。

那么，怎样理解否定和批评下级的语言运用中"度"的问题呢？

（1）语言要有讲究，切不可气势汹汹、一团杀气。即使下级犯的错误较大，或态度不太好，也不必吵吵嚷嚷，搞得四下不安。须知，上司批评的虽是一个人，但面对的是整个群体，你刚一出口，早已有别的下属在那里窃窃私语、议论纷纷。可见，恰当地运用语言，还涉及上司的气度和修养问题。

首先，身为上级，应该表现出一定的大家风范和君子气派，而不必鼠肚鸡肠、斤斤计较，必要时可适当选用具有一定模糊度的语言，暂为权宜之策。

其次，下级犯了错误，需要的是批评而不是褒奖，如果批评时语言没有分量，嘻嘻哈哈不了了之，也就失去了批评的意义。这样做导致的后果就是后继者将有恃无恐。上司应本着惩前毖后的原则，要维护制度的威严，不能放弃原则、赏罚不明，使纪律松弛。

（2）同是犯错误，轻、重可能不同，批评的语言也应相机而变。倘若等量齐观、"一视同仁"，各打五十大板，就会引出一些不必要的错误。该轻则轻，不能揪着辫子不放；该重则重，切莫姑息迁就。此外，男女性别不同，心理承受能力有异，因而在批评异性下级时还要适当考虑，做到有理、有节。

● "三明治策略"—— 批评夹在赞美中间

美国著名企业家玛丽·凯什在《谈人的管理》一书中写道："不要只批

191

评而不赞美。这是我严格遵守的一个原则。不管你要批评的是什么，都必须找出对方的长处来赞美，批评前和批评后都要这么做。这就是我所谓的'三明治策略'——夹在两大赞美中的小批评。"

我们知道，批评只有被对方从内心接受才能生效。这就意味着，批评虽然有道理，但不等于被对方接受。心理学研究表明，接受批评的最主要的心理障碍，是担心批评会伤害自己的面子，损害自己的利益。为此，在批评前要帮助被批评者打消这个顾虑，这样他才能听得进批评。打消顾虑的比较好的方法，就是先表扬、后批评，亦即在肯定成绩的基础上再对其进行适当的批评。

美国内战期间，约瑟夫·胡克将军毛遂自荐，当上了北方联邦军队的一个重要指挥官。

但是，随着时间的推移，人们越来越发现，胡克将军不是合适的人选。他说起话来桀骜不驯，极为任性。于是，林肯总统给他写了自己任总统后的最尖锐的一封信，以批评他的短处，使他发挥他的长处，共同促进事业的成功。但关键的一点是不能引起他的反感。

林肯是这样批评胡克将军的：

"我任命了你为波托马克军团司令。当然，我做出此决定是有充分理由的。然而，我想最好还是让你知道有几件事我对你并不是很满意的。

"我相信你是一个英勇善战的战士。对此，我当然是赞赏的。我也相信你没有把政治和你的职业混淆起来，这一点你是对的。你对自己充满信心，这即使不是必不可少的品质，也是可贵的品质。

"你有雄心，在一定的范围内，这一点是有利无弊的。但是我认为，在伯恩赛德将军指挥兵团时，你放任自己的雄心，尽你之所能阻挠他，在这一点上，你对国家，对一位最有功劳的、可尊敬的兄弟军官犯下了极大的错误。

"我听说，并且我也相信，你最近说我们的军队和我们的国家需要一个有绝对权威的统治者。当然不是因为此，而正是不顾此我才给你下达命令。

"只有取得战功的将军才能做有绝对权威的统治者。我现在需要你取得军事上的成功，而我将承担独裁的风险。

"政府将一如既往尽全力支持你，并支持所有的司令官。我非常担心你曾助长军队里的批评和不信任自己司令官的风气，现在正冲着你来了。但我将尽力协助你刹住这种风气。

"不论是你还是拿破仑，如果他还在世的话，都不会在这种风气盛行的军队里得到好结果，而目前要防止急躁。防止急躁，但是要干劲十足、戒备不懈、勇往直前，为我们夺取最后的胜利。"

林肯在这封信中淋漓尽致地表现了他高超的批评技巧。他并没有直截了当地说胡克的错误，而是首先给他一个"定心丸"："当然，我做出此决定是有充分理由的。"然后，才指出他犯了错误："然而，我想最好还是让你知道有几件事我对你并不是很满意的。"非常得体、老练。

在"三明治策略"中，表扬并不是真正的目的，它只是为批评做铺垫而已，批评教育才是真正的目的。但是使用这种策略时，不能过分美化，否则物极必反，达不到批评教育的目的。这也是我们必须明白的问题。

从表扬入手，就好像动手术前给病人打麻醉剂一样，让病人在不知不觉中得到康复。因此，在批评别人时，也不妨给"病人"打一个"麻醉剂"——使用"三明治策略"。

●保全下级的脸面

一般情况下，在上司与下级的谈话中，下级对自己的名誉要敏感得多。作为上级，当你希望改变自己下级的时候，请不要忘记保全他的脸面，这也同样会给你带来巨大收益，既达到批评的目的，又不为此招致任何怨恨。"人要脸，树要皮"，敏感的下级对直截了当的批评深恶痛绝，如果上司在谈话中能巧妙、含蓄地提醒他们注意自己的错误，往往会取得意想不到的效果。

一天中午，查尔斯·施瓦布路过他的一个炼钢车间，发现有几个工人在抽烟，而就在他们的头顶，挂着一块写有"禁止吸烟"字样的牌子。这位老板该怎么教训他的伙计们呢？痛斥一顿吗？拍着牌子说："你们不识字吗？"不，都不是。老板深谙批评之道，他走到这些人跟前，递给每人一支雪茄，说："年轻人，如果你们愿意到外边去吸烟，我将非常感谢。"胆战心惊的工人们心里有数，老板知道他们坏了规矩，但他什么也没有说，相反送给每人一支雪茄。工人们既认识到了自己的错误，又不觉得没面子，因此更加敬重自己的老板。

顾全下级的面子，特别是在批评时，这是多么重要，可惜并不是所有的上司都曾考虑过这些。很多人为了自己的目的和权威，横暴地对待下属的感情，挑剔甚至恐吓自己的下级而从未想到这会伤害他们的自尊心，更会损坏自己的形象。当你再次在部下面前怒火中烧时，为什么不先思考几分钟呢？要知道，减轻下级的痛苦，就是减少自己的麻烦。

●打一棒子，给个甜枣

如果你的下级所犯的错误实在是令人忍无可忍了，愤怒的火山再也压抑不住，如果你认为有必要给他们一个教训，不妨爆发一次，特别是在众目睽睽之下。当然，此时你必须确认自己是正确的，而且不能过于苛刻，这电闪雷鸣般的一击将给你的部下留下深刻的印象，更好地树立你的权威。当然，此时受到批评的这名下属成了牺牲品，他可能会对自己的上级充满不满甚至抱怨和痛恨。故此，事情过去以后一定不要忘记及时安慰，解开下属的这个心结。

史载古代伊利特王国有一名将领叫琼尼斯，这位将军治军甚严，甚至可以说是百般挑剔。一日他巡视军营，发现一名下级军官军容不整，立即召集手下全体军官，当着大伙儿的面给予一顿痛斥，声色俱厉，全军上下为之肃然，被批评者也自觉无地自容。然而两天以后，此人被召到将军的办公室，琼尼斯对他笑脸相迎、温言抚慰，检讨自己当日过于严厉。这名下级军官当时就改变了自己对长官深恶痛绝的看法，表示坚决效忠上司。

这位古代将军的批评术的确不凡，通过公开批评的"打棒子"，不仅整肃了军纪，而且在部下心目中树立了自己的威严形象；此后又在暗中以单独道歉的办法，化解了被批评者对自己的怨恨。

总之，不同的人由于经历、知识、性格等不同，批评和接受批评的能力和方式都有很大差别，上司应根据具体情况和不同下级的特点，区别对待，采用不同的批评方式。

●直接批评的三种方法

直接批评，就是不拐弯抹角，直接接触所否定和批评的问题。其主要有三种方法。

1. 商讨法

通过讨论、分析、交谈的形式，以平和的心境和口吻，循循善诱，帮助下级认识自己的错误，并从中吸取教训，提高认识。

2. 命令法

由于时间紧迫、任务紧急、无法商讨，上级可采用下达命令的方法否定下级的不正确行为。

3. 激将法

有时对下级可采取激将法予以批评和否定他们的错误行为，或明扬暗抑，或明激暗压，以收声东击西之效。

●迂回批评的四种方式

迂回批评就是采取间接的语言策略接近核心问题，达到否定和批评下级的目的。它有四种常用方法。

1. 询问法

这种方法是指上级把核心问题掩盖起来，佯作不知，但胸中有数，按一定线索东探西问、顺藤摸瓜，将"谜底"留在最后，促使下级自我感悟、自我更正。这样就照顾了下级的情面，维护了其自尊心。倘若下级"执迷不悟"，再去点破话题，也顺情顺理、无可驳辩。

2. 侧击法

下级的有些错误或不宜点破，或尚未探准，需要用别的事例来暗示或提醒，以促其自我醒悟或自觉收敛，这就是侧击法。

侧击法又分两种：一种是面对下属本人，顾此而言彼，弦外有音，似在说彼，实即言此；或议他人，实指听话人。可谓"醉翁之意不在酒"，拐弯抹角说到君。此法的关键是必须找到相似的事物或相似的人，否则相去太远，难以对号，不易奏效。另一种则是面对众人，漫无所指，点出一些只有当事的下级才能心领神会的事情，给其以必要的心理压力，使他感到我的事上级已知，只是碍于情面没有挑明，于是，从内心深处自我警醒、自我矫正。

抗日战争初期，著名社会活动家沈钧儒先生是参议员。有一次，参议员开会，休息时，参议员们三三两两地坐着闲谈。有人讲了些嘲笑胡子的笑话，讲完后还对着沈钧儒发笑，因为他正有一脸不算少的胡子。

沈钧儒也笑着说："三国时期，关羽、张飞遇害以后，刘备决定兴兵伐吴。要从关兴、张苞二人中选一个当正先锋。叫他们当场比武，结果不分胜负。又叫他们各自讲述他们父亲的本领。关兴说他父亲过五关、斩六将、斩颜良、诛文丑、杯酒斩华雄……讲了一大套。张苞也说他父亲如何一声喝断灞陵桥、如何三气周瑜，等等，说得有声有色。关兴急了，说：'我父亲丹凤眼，卧蚕眉，一口长髯，飘到胸口，人称美髯公，你父亲比得了吗？'正讲到这时，关羽忽然在空中'显圣'了，横刀怒目对关兴说：'你老子有这么多长处你不说，单提老子的胡子做什么！'"

沈钧儒讲完，拂髯微笑，而嘲笑他胡子的那位参议员则面红耳赤。

面对他人对自己胡子的嘲笑，沈钧儒不动声色地讲了段《三国》里的故事，以引用的方法回击了他人的挑衅。故事讲到后面，情节引到了"胡子"上，沈老用听来似原故事的语言，话锋一转，一语双关地点出了讲故事的真意。借关羽"你老子有这么多长处你不说，单提老子的胡子做什么"之语，既委婉地批评了议论者的无聊，又表示了这样一个观点：论人应顾全面，要言其主要功过，不要拘泥于小节。

3. 回避法

这是一种不便于或不必要面见当事者本人或提及核心问题的一种否定和批评下级的方法。这种策略最常用于否定下级的某些不当意见和看法。

回避法惯用的技巧有两种：一是见斯人不提斯事，使下级有"上级不予重视"之感，自动放弃己见。二是，果有不知趣的下级，则可采用提斯事不见斯人的方法。即有意无意地对别人提及此事不宜办的理由，待传入当事者耳中之后，当事人便知其不可为而自动告退。

回避法不可随便使用，它只能用来处理那些十分微妙、不宜当面谈的问题。

4. 迂回启发法

迂回启发，就是不正面指出和点破，而是采取迂回曲折的办法，给下级以暗示和启发，使其悟出道理、提高认识。

●综合运用批评策略

所谓综合式，就是综合运用直接式与间接式中否定和批评下级的各种语言艺术，处理复杂、困难问题的一种方法。综合不是杂凑，它是各种简单技巧的高度统一，因而属于更高层次的语言艺术。

1. 围点打援法

"围点打援"借用的是军事术语。对于问题复杂、涉及面广的事件，不妨采用此法。

一是对较大问题"围而不打"，然后从外围一点点清除与其有关的各种问题或障碍，最后再一口吃掉这个"老大难"。

二是对下级的过失进行由结果到原因的回归分析，由现象到本质的逻辑分析，以及由现实到思想的内化分析，帮助下级从根源上解决思想问题。

三是"避重就轻"，批评轻微者或其下属，以震动主要责任者。

围点打援法处理的都是一些棘手问题，它不仅需要高超的语言技巧，而且要求上级统一运筹、稳而不乱。

2. 釜底抽薪法

否定和批评下级，是为了使下级按照上级的意图转变工作方式。但有时下级慑于权势或碍于情面，虽然表面应承，心中未必服气。所以否定和批评下级有必要从根本（即思想）上解决矛盾，这就要用釜底抽薪法。

所谓"釜底抽薪"，就是在正常的谈话中突然驳倒下级的逻辑支柱和错误的事实基础，迫使其改正错误。运用这种方法批评下属，很像是一篇驳论文章，不直接驳其论点，而是击其论证或论据，使其论点不攻自破。

3. 趋势外推法

趋势外推法，是根据事物的历史资料，寻求事物变化的规律，推测事物未来状况，进而否定和批评下级的一种警策方法。这是管理学、领导学、决策科学等常用的一种预测方法。这是上级避免"马后炮"、短期行为，为下级"导航"的一种有效方法。其要点有二：一是适时暗示，劝阻下级，做到防患于未然，即"敲警钟"；二是根据下级口述内容的发展趋势，预先否定其尚未明确的结论，使之无以辩驳。趋势外推法所引用的事实和根据，必须可靠而且连贯，所做出的预测要符合事物发展的一般趋势，这才能使下级信服。

●批评下属的八个忌讳

否定和批评是为了根除工作中的错误，使下级走上正确的道路。因此，要使批评达到目的，就必须讲究批评的艺术，避免消极的、简单化的倾向。

一忌：捕风捉影，无中生有

批评本来是改正错误、教育人的，因此它的前提必须是下级确实有错误存在。没有错误，硬去批评人家，便会给下级留下"蓄意整人"的印象。上级应该心胸豁达、实事求是，最忌神经过敏、疑神疑鬼、听信流言以及无中生有。

二忌：言辞尖刻，恶语伤人

每个人都有自尊心，因此上司在批评下级时一定要平等相待，绝不能以审判官自居，更不能幸灾乐祸，甚至恶语中伤。否则训斥不仅是对被批评者自尊心的损伤，甚至是人格的侮辱，并不能真正地解决问题。上司应该心平气和地谈论问题，给下级一种爱护、亲近感。

三忌：乘人不备，突然袭击

否定和批评下级，严重的批评要事先打个招呼，使下级有足够的心理准备；普通的批评也要给下级以充分的回旋余地，做心理调整，以避免引

199

起大的情感跌宕。一个人做错事时，内心本来已有所反省、恐慌和不知所措，此时，如果像打击犯罪嫌疑人一样对待他，他会因此而羞愧不安，甚至一蹶不振，无法再肯定自我；或者沿着错误的道路滑下去，自暴自弃，"破罐子破摔"。

四忌：姑息迁就，抛弃原则

批评和否定下级，当然需要给他一些安慰和鼓励，不能全盘否定，一棍子打死。但是，这绝不意味着可以对下级的过失姑息迁就、庇护掩饰和不予追究。抛弃原则，听之任之，看起来好像是宽容大度、关心下级，实际上是养痈遗患，为其今后犯更大的错误提供条件，貌似爱之，实则害之。因此，我们切勿这样去做。

五忌：不分场合，随便发威

场合即空间、地点，它是否定和批评下级的必要条件，也是上司语言发挥的限制。讲求语言艺术的上司总是在什么场合说什么话，看什么情况行什么令，灵活机动、随机应变，从而创造出一个否定和批评下级的良好时机。鲁莽的上司则往往不分场合，不看火候，随便行使权力、大耍威风，结果反而使问题变得更加复杂和严峻起来。通常的批评宜在小范围里进行，这样会创造亲近融洽的语言环境。实在有必要在公众场合批评时，措辞也要审慎，不宜大兴问罪之师。

六忌：吹毛求疵，过于挑剔

上级对于下级的领导，是起一种指导和监督作用，而不应是下级的管家婆，不能事事都批评下属。可是，有一部分上司就喜欢寻找下级的不是，好像不经常挑出下级的一些毛病来，就不足以证明自己高明，而对如何防止出现问题，却提不出建设性的意见。对于小事过分挑剔、大事反倒抓不住的上级，下级是很有看法的。

七忌：口舌不严，随处传扬

批评和否定下级既然不能不分场合，就更不应该把批评之事随便传扬出去。有的批评者前脚离开下级，后脚就把这事说给了别人；或者事隔不久批评另一个人时，又随便举这个人做例子，无意间将批评之事散布出去，弄得风言风语，增加了当事人的思想压力和反感情绪。人人都有保护自尊的心理倾向，上司批评下级时，不能不爱护下级，要尽量将其心理振荡控制在最低程度，绝不能无意中增加新的干扰因素，影响下级接受批评、改正错误。事实上，口舌不严是上级不负责任、缺乏组织纪律性的一种恶劣作风，亦在受批评之列。

八忌：婆婆妈妈，无休无止

严肃的批评，必须有准确的内容、合理的程序和必要的时间限制。那种企图通过一次批评就包治百病的想法是不科学的。但批评不能靠量多取胜，少说能解决的，不要多说；一次批评能奏效的，不要再增加次数。婆婆妈妈，无休无止，未必能打动人心；絮絮叨叨，没完没了，反而使人生厌。

安抚下属是一种无声的激励

人人都有遭受挫折、情绪低落的时候。当自己的下属遭受挫折或者不幸的时候，上司不能袖手旁观，而应该去探望下属，并给予适当的安抚，使其振作起来、渡过难关。这样，上司不仅可以赢得别人的信任与支持，而且可以密切上下级之间的关系，创造一个融洽的工作环境。但上司在安抚下属时，一定要注意各种安抚技巧的运用，从而达到理想的效果。

●引导下属寄希望于未来

此方法就是描绘美好的未来，使对方产生精神上的寄托，于是自然而然地摆脱对目前不利状况的思虑。未来是不确定和无法预知的，正因为如此，未来才是可以去塑造、开创的，才是可以寄予愿望的。当暂时出现了难以解决的难题和窘境时，上司可以引导受挫的下属放眼未来，指出其开创未来的优势所在，使其对未来产生信心和希望，从而摆脱对眼下挫折的过多思虑，精神抖擞地去开创未来。

有一对男女青年小周和小胡，交朋友三年多，在一起看电影、下馆子，关系挺密切。可是当小周把结婚的东西置办齐全，要小胡和他去登记结婚时，小胡却突然与他中断了恋爱关系。小周找到小胡家理论，又被拒之门外。他又气又恨，在门外叫骂，用头撞大门，要死在小胡家门外。这时，正好小周的上司经过，就跑过来问他："你们之间有爱情吗？"小周被问得沉默了。上司进一步开导说："光在一起看看电影、逛逛马路、吃吃喝喝，那不是爱情。真正的爱情不是用钱可以买来的。再说，捆绑不能成夫妻，既然人家不爱你，你又何必强求呢？你今年才25岁，为一个不爱你的姑娘去死，多不值得。你业务能力强，工作又上进，将来事业不可限量，只要好好干，还愁找不到一个好媳妇？"一番话把愁眉苦脸的小周说得眉眼舒展开了。

男青年小周失恋，这个既定的事实已经无法改变，想办法破镜重圆恐怕也是难以实现了。在这种情况下，上级有意把小周的视线从眼前的糟糕状况中转移开，引导他放眼未来，同时给他指出开创未来的两点优势——年轻、工作上进，强调只要充分利用这些优势就一定能够找到衬心的人生伴侣。这样，小周的精神上有了寄托，精神状态也就好转了。

●强调问题发生的客观因素

这种方法是指把失利的原因归之于客观环境，并指出多优秀的人物也免不了有马失前蹄的时候。有成功就会有失败，这是自然和社会的正常规律。许多人之所以失败，其实并不是因为能力太差或不够努力，而是种种客观原因使然。上司在安慰下属的时候，可以有意把对方失败的原因归于客观环境，并以优秀人物为例说明某些失败的不可避免性，从而减轻失败者对自身能力的怀疑，缓和他们浓浓的自责和挫折感。

土耳其在遭受希腊人几个世纪的占领以后，决心把希腊人赶出自己的领土。1922年，土耳其民族英雄穆斯塔法·凯末尔对他的士兵发表了一篇简短的、拿破仑式的演说："不停地前进，你们的目标就是地中海。"于是，一场激烈的战斗展开了。土耳其人最终赢得了胜利。当希腊的两位将领前往凯末尔的大本营投降时，土耳其士兵对他们大声辱骂。凯末尔当即制止，并且丝毫没有显示出胜利者的骄气。他上前握住两位将领的手，温和地对他们说："请坐，两位先生，你们一定走得很累了。"在讨论了投降的有关事项及细节之后，凯末尔没有忘记慰藉两位失败者："两位先生，战争中有许多偶然情况，有时最优秀的军人也会打败仗。"

作为一位杰出的军事家，凯末尔深知胜败乃兵家常事，有时候成与败是不以人的意志为转移的。为了安慰两位投降的敌方将领，使之成为己方的积极力量，凯末尔故意把他们失败的原因归于偶然的因素，并指出再优秀的将领在苛刻的客观环境下也都有可能失败，大大减轻了两位将领失败后的挫折感，使他们从阴影中挣脱出来，进而重新考虑政治上的选择。

●表达一如既往的信任

上司对有过失的下属表示一如既往的信任，这是对下属最大的安慰。

一般来说，有过失者之所以感到忧虑和痛苦，一方面是害怕承担犯错所导致的后果，另一方面是担心自己的过失会引起他人的不满和怨恨。既然犯错的后果已是不可避免，那么受害者以及上司的态度则显得尤其重要。

如果上司能够在对方面临巨大心理压力的情况下依然表示出对他的信任，那么下属一定会受到极大的安慰和鼓励，从而振作精神处理好今后的问题。

鲍伯·胡佛是美国著名的试飞驾驶员，他在空中表演的特技，令人叹为观止。一次，他从圣迭戈表演完毕，准备飞回洛杉矶。可是，在距地面90多米高的空中，刚好有两个引擎同时失灵，幸亏他反应灵敏、技术高超，飞机才奇迹般地着陆。

胡佛紧急着陆之后，第一件事就是检查飞机用油。正如他所预料的，他驾驶的那架螺旋桨飞机，装的却是喷气式飞机用的油。

胡佛立即叫来那位负责保养的机械工。年轻的机械工早已痛苦不堪，一见胡佛，更吓得直哭。因为他的过失险些送了三个人的性命。

这时，胡佛并没有像大家预想的那样大发雷霆，他只是伸出手臂，抱住机械工的肩膀，信心十足地说："为了证明你能干得好，我想请你明天帮我的飞机做维修工作。"

从此，胡佛的飞机再也没有出过差错。那位马虎的维修工变得兢兢业业、一丝不苟。

本来，机械工犯了一个不可原谅的错误，虽然没有酿成悲惨的后果，但已足以招来人们的怀疑、责备和怨恨，而这显然成了他最大的心理压力。在这种情况下，驾驶员胡佛非但没有责备他，反而向他表示了一如既往的信任，并把下一次的维修任务交给他，不但解除了对方的忧虑，而且帮助他恢复了信心和勇气。

●讲述成功人士的失败经历

讲述成功人士的经历，为失败者树立榜样，这是安慰和激励别人的重要方法。上司一方面可强调成功人士的巨大成就和荣誉，另一方面要强调这些成就与荣誉都是在不屈不挠、百折不回的奋斗中获得的，以此对照失败的下属的心灰意冷，使其看到自己的不足，意识到只奢望成功却不能够不懈地努力是行不通的，从而重新燃起进取的热情。

华祥是某乡办工厂的技术员，一段时间里，他为一项小的技术革新苦心孤诣，熬了数十个通宵，可最后还是功败垂成，且招来一些人的非议。华祥一时心灰意冷，决意不再自找苦吃了。华祥的上司刘某知道后对华祥说："华祥，你说世界上什么样的人最伟大，什么样的人最渺小？"华祥说："不怕牺牲的战士们最伟大，见钱眼开的势利者最渺小。"刘某说："你的话也有道理，不过我认为世界上有'虎气'的人最伟大，有'鼠气'的人最渺小。爱迪生一生曾有过1000多项发明，他在发明我们所用的灯泡时就失败过1200次。有人讥笑他竟然失败了1200次，他却说：'不！我成功地发现了1200种材料都不适合做灯丝！'你看人家'虎气'多足，而你就有那么点'鼠气'，本来没什么不正当心眼，可听到一点风声便不敢出洞了。"华祥听后淡然一笑说："我虽然属鼠，但也不至于为这么点小事一蹶不振，走着瞧吧！"果然，华祥在上司的劝说鼓励下继续攻关，不久便获得了成功。

技术人员华祥在因技术革新失败而心灰意冷时，上司抬出与他"同行"的爱迪生做榜样，这自然是再恰当不过的。上司首先强调爱迪生一生获千余项发明专利的伟大成就，然后就指出光发明灯泡一项就曾失败过1200次，并着重描述了爱迪生在面对失败时的乐观态度，以此和华祥此时的心态进行比较，令其深刻体会到自己的软弱，从而重整旗鼓，又打起了精神。

●培养下属的自信心

即使能力相当的下属，仅仅由于自信心不同，其工作劲头就有很大不同。所以，培养下属的自信心是一种既重要又省力的"动力投资"。这里需要注意以下几点。

（1）与下属交谈时，要认真对待，让他觉得受到重视。

（2）不要勉强下属做他无法办到的事。

（3）积极鼓励和赞扬下属的创意，要尽量给下属以表现的机会。上司要让成员多抛头露面，如开会时让下属多讲几句话，上司讲话时，多引用下属的意见和观点，等等。

（4）托付责任时，让下属按自己的方式尽情发挥。即便事情做得不当，也不要马上收回成命。对下属要仁慈、体恤。

（5）让下属分享参与决策的权力。

（6）不要把下属和他的工作混为一谈。如果下属做错了，要让他理解你不满意的是他的工作，而不是他本人。

●同情但不要怜悯

即设身处地、将心比心、感同身受，把别人的不幸当成自己的不幸，从感情上产生共鸣。但彼此应站在完全平等的地位上交流思想感情，给对方以精神上、道义上的支持，并分担对方的感情痛苦。有时，同情还可以包含有敬佩、敬爱、敬仰之情。

同情是一种真心实意的善良之情。怜悯，不是平等的思想感情交流，不是精神上、道义上的敬赠，而是一种上对下、尊对卑、富对贫、强者对弱者、胜者对败者、幸运者对不幸者的感情施舍。施舍者对被施舍者有意无意地流露出一种幸运感、优越感，或多或少有轻视、小看对方的意思，包含有伪善的成分。

同情的话语，有劝慰也有鼓励，语气低沉而不乏力量，而且尽量不当面说出"可怜""造孽"等词语。怜悯的话语，只有一味的悲伤，语气低沉、无力，而且把"可怜""造孽"等词语经常挂在嘴边，仿佛在欣赏、咀嚼对方的痛苦。

对于事业心强、自尊心强、个性强的人，无论其处境多么不幸，怜悯都是一种变相的侮辱，只会刺伤他们的自尊心，激起他们的反感。对于老幼病残弱者，单纯的怜悯也只能促使他们沉溺于绝望的深渊而难以自拔，更谈不到振作起来，向不合理的世道、不公平的待遇、不幸的命运进行必要的抗争。

第八章 CHAPTER EIGHT
与上司沟通张嘴就来

✦ 与上司沟通的语言艺术

从某种意义上说，我们在工作中同上司之间的关系比同下级和同级之间的关系重要，而在与上司的沟通和联系之中，语言又有着极为重要的作用。因此，我们就不能不在同上司谈话的语言艺术上多下功夫。每个人几乎每天都要与自己的上司对话、汇报情况、请示工作及日常寒暄。在此过程中，每个人都不自觉地用了许多技巧，下面我们从五个方面进行分析。

●巧妙地恭维上司

这里所取词意纯粹是技术方面的，丝毫不涉及道德问题。恭维，绝不等同于"拍马屁"，因为被恭维是每个人的需要，你的上级自不例外。没有人会认为自己的存在是无价值的，人们都渴求得到别人的重视，上级更愿意在下级的恭维中找到自我满足的感觉。

提起韩信，大家都不陌生，他助汉高祖刘邦一统天下，被封为楚王，后来因政治斗争，被汉高祖擒获。刘邦本就是市井出身，想趁此机会嘲弄他一下，于是就问："你看以我的能力，可以带多少兵马？"答曰："陛下可将兵十万。"汉高祖接着又问及相国萧何，答曰百万。最后刘邦问道："你韩信可带多少兵呢？"韩信回答说："臣将兵多多益善尔。"就是说：我带兵是越多越好啊。刘邦因此戏弄他说："既然是这样，你为什么还败在我手下，被捉住了呢？"这位大将军应声答曰："我只善于统率士兵，而陛下您却擅长驾驭将军啊！"意思就是说："虽然咱们各有所长，但你比我高明多了，我不如你。"

韩信的话说得何等的高明，虽然这是在恭维汉高祖，但的确有水平，从语言艺术的角度上讲，找不出一点毛病。更难得的是这是发生在自己被擒之后，居然有这样的机智！韩信虽没有保住自己的性命，但至少在此保住了面子，又让汉高祖高兴，一箭双雕，可谓绝妙之极矣。当然，这正是恭维的关键，如果功夫不到家，不分场合、对象，盲目运用，或者语言运用过于庸俗，反而会自讨没趣。

●不抖搂上级的隐私

俗话说：打人莫打脸，骂人莫揭短。在中国，"面子"是一件很重要的事。为了"面子"，小则翻脸，大则会闹出人命。很多人可以吃闷亏，也可以吃明亏，但就是不能吃"没有面子"的亏。如果你不顾别人的面子，总有一天会吃苦头。因此，老于世故的人从不轻易在公开场合说别人尤其是上司的坏话，宁可高帽子一顶顶地送，既保住了别人的面子，别人也会如法炮制，给你面子，彼此心照不宣、尽兴而散。

明太祖朱元璋出身寒微，做了皇帝后自然少不了有昔日的穷哥们儿到京城找他。这些人满以为朱元璋会念在老朋友的情分上给他们封个一官半职，谁知朱元璋最忌讳别人揭他的老底，以为那样会有损自己的威信，因此对来访者大都拒而不见。

有位朱元璋儿时的好友，千里迢迢从老家凤阳赶到南京，几经周折才算进了皇宫。一见面，这位老兄便当着文武百官大叫大嚷起来："朱老四，你当了皇帝可真威风呀！还认得我吗？当年咱俩一块儿光着屁股玩耍，你干了坏事总是让我替你挨打。记得有一次咱俩一块儿偷豆子吃，背着大人用破瓦罐煮。豆还没煮熟你就先抢起来，结果把瓦罐打烂了，豆子撒了一地。你吃得太急，豆子卡在喉咙里还是我帮你弄出来的。你忘了吗？"

这位老兄还在喋喋不休唠叨个没完，朱元璋却再也坐不住了，心想此人太不知趣，居然当着文武百官的面揭我的短处，让我这个当皇帝的脸往哪儿搁。盛怒之下，朱元璋下令把这个人杀了。

"为尊者讳"，这是官场的一条规矩。一个人，无论他原来的出身多么低贱，有过多么不光彩的经历，一旦当上了大官、爬上了高位，他身上便罩上了灵光，变得神圣起来。往昔那见不得人的一切，要么一笔勾销，永不许再提；要么重新改造、重新解释，赋予新的含义。这位穷哥们儿哪懂得这一点，自以为与朱元璋有旧交，居然当众揭了皇帝的老底，触犯了"逆鳞"，岂不是自找倒霉吗？

所以，在日常工作中与上司沟通一定要注意，千万不要伤害上司的尊严，同时注意替上司保守他不想让别人知道的秘密。

●忠诚求实

作为一名上级，你喜欢怎样的下属？虚伪的小人还是诚实的君子？尽管这两者在某些时候似乎难以抉择，然而至少态度上很多人倾向于后者。那么，请你不要忘记，你的上级也正以这种目光在审视自己的下属。上级的眼中，工作能力等因素固然重要，然而他在评价下属时首先看的却是他的态度，你在与上级谈话中、语言艺术的斟酌中可千万不能忘却这一点。

当年戴高乐将军作为法兰西民族的拯救者进入巴黎时，蓬皮杜先生只不过是一个中学教员，他当时是怀着无比崇拜的心情注视戴高乐走向爱丽舍宫的。后来，蓬皮杜在一个偶然的机会进入政府工作，并因此得以见到戴高乐，后者当时是法国总统。每逢他与总统谈话时，总是怀着虔诚的心情注视着，实事求是地汇报自己的工作，一字不漏地听取总统指示，然后不折不扣地加以执行。蓬皮杜不喜虚与委蛇，他与总统谈话时总是抱着忠贞不贰的精神接受训示。正是他这种忠诚求实的态度得到了戴高乐的赏识，这种赏识源于蓬皮杜求实的精神和高超的语言艺术。在戴高乐的扶持下，他成了接班人，升至总理，后来他终于入主爱丽舍宫。

蓬皮杜的成功或许有其他因素的作用，但不可否认的是，正是他的这种工作精神和语言艺术，为他铺平了通向总统宝座的道路。

●请将不如激将

《三国演义》中有许多游说上司的场面，其中最精彩的部分，恐怕要算诸葛亮劝说吴主孙权联刘抗曹了。这位"人中卧龙"使用的就是我们通常所说的"激将法"。

刘备兵败新野以后，一溃千里，无力反击，除了与江东孙权联合抗衡曹操以外别无他法。孔明此行的目的，就是要说服孙权建立同盟。如果换了一般的使者，为了请求对方全力增援，一定会低声下气地劝说。而孔明则不然，他对当时的形势了如指掌，利用孙刘两家唇齿相依的关系，表现出一副比较强硬的态度，以刘备与孙权的对比来刺激后者的自尊心，使之奋起一战。

孔明首先说："现值天下大乱之际，将军（指孙权）您举兵江东，我主刘备募兵于汉南，同时与曹操争夺天下，但在这几年之中，曹操已经几乎把其他各路诸侯都铲平了，现在更是吞并荆州，名震天下，英雄尽被其网罗，因此造成我主刘备今日这败势。现在曹操亲统大军南下，虎视江东，将军您是否也权衡一下自己的力量以对付这种局面，若您打算与他决一死战，则不如干脆早早和曹操断绝交往，早做准备；如不想这样，不如听从部分谋士的意见，整兵束甲，及早投降了吧！大战即临，再不做决定可就来不及了。"

孙权不高兴地问道："照你的说法，刘备为何不投降曹操呢？"孔明答曰："您知道田横的故事吗？他不过是齐国壮士，况且忠贞不贰，不愿投降汉高祖而自杀了，更何况我主刘备乃堂堂汉室宗亲，英才盖世、天下仰慕，消灭曹操之事无论成败，只能说是天命，怎么可以投降呢？"言下之意是：刘备决不可降，唯孙权可降。

身为一国之主的孙权，如何受得了如此刺激？他当时不过 26 岁，正值血气方刚，果然大怒，因而痛下决心："我领有江东数郡土地、精兵几十万，怎么能甘居人下投降曹操呢？我已经决定了（联刘抗曹）。"

激将法成功以后，孔明又仔细地为孙权分析了当时的形势和曹军的实际力量，指出了曹军的弱点，判明了赤壁之战后天下三分的发展趋势，因而彻底解除了孙权的不安和顾虑。孙权果然因此而心情大悦、信心十足，在随后召开的御前会议上下了死命令，抗曹到底。不久孙刘联军与曹操在长江上进行了一次决战——赤壁之战，曹操大败而归，从此天下三分。这不能不归功于诸葛亮那惊人的智慧和杰出的语言艺术。

●迂回前进，攻其弱点

《庄子》里有句名言叫"无用之用"，它的意思是说，被认为没有用的事物，最后往往会变成最有用的。下级与上级之间的关系，决定了你在劝说自己的上司时有些事不便直接说起，这时谈话最好不要一开始就导入正题，那样反而极容易引起上级的反感。如果你善于迂回绕道前进，从其弱点下手，晓之以理，动之以情，精确地运用语言艺术，那样成功就容易多了。

战国时代，长平之役后，赵国受到致命一击，形势急转而下。赵国眼看就要被秦军吞并，于是向齐国求救。按照当时的惯例，齐王要求以长安君为人质，否则就不出兵。长安君是赵孝成王最小的弟弟，最受母亲赵太后宠爱，而此时的赵国，由于国君年幼，政权实际上正是掌握在太后手中。赵太后拒绝齐国的要求，无论重臣们如何劝谏，就是不点头，并且说："如果再有人劝我送长安君为质，我就当众把口水唾到他脸上！"局面异常紧张，此时的太后已被本能的母子之情所蒙蔽，无法正确地对大局做出判断。而要突破眼前的困境，就非得说服她答应条件不可，可谁又敢行此举呢？

当时有位名叫触龙的元老重臣，善于出谋划策，精通语言艺术。他知道，太后正在气头上，如果非要厚着脸皮去劝她接受齐国提出的条件，没准儿真的会被她吐口水，于是想出一条妙计。一天，触龙装作若无其事地慢步走进宫廷。这在当时是不允许的，因为大臣见国君时必须"趋"，也就是小步快跑。因此他先抱歉说："我的脚有些小毛病，行走困难，故许久未向您请安，但却又担心太后您的健康状况，所以前来谒见……"太后回答："我都是以车代步。""……那么饮食方面呢？"……二人接着聊了一些日常琐碎的话题，赵太后见不是进谏的，表情也稍微缓和下来了。

触龙的上述语言可以说就是我们在开头提到的"无用之用"，以和主题无关的话语先解除对方的戒心，进而找出共同话题，以便使谈话能继续下去。试想，如果触龙一开始便先说"对不起……"，然后就很快转到正题上去，事情又会怎样演变呢？也许太后真的会立刻把口水唾在他脸上，转身回宫，那么触龙的老脸可就丢尽了，而且对问题的解决起不到任何作用。

触龙趁此气氛缓和之际，又再度迂回，影射太后的弱点。他说："我有个小儿子，非常不成材，真叫我感到担忧。我的年纪也大了，希望在我有生之年向太后请求，让他到王宫里当个卫士，把他的事情安顿好……"这番话引起了太后的兴趣，她笑着说："看来父亲也是疼爱小儿子的。"并坚决认为母亲比父亲更是如此。话说到这里，可以看出些苗头了。触龙故意提起自己对幼子的宠爱，不过是想借此引出太后的幼子——长安君做话题罢了。他成功了，并且在这一方面与太后持一致观点，引起对方共鸣，又为下文埋下伏笔。

接着，触龙又以长安君的姐姐燕后和长安君进行对比，有意说赵太后更疼爱燕后，因为燕后出嫁时她不但难舍难离（这是感情的宠爱），而且还经常为她在燕国的地位而担忧，希望她不要失宠、子孙都能显贵（这是政治上的宠爱）。至此，我们可以肯定地说，赵太后肯定会因此而考虑到了她对长安君的态度以及送他去做人质这件事，故一时间陷于沉思。触龙赶紧趁热打铁，说："古往今来，没有哪位封侯的地位能持续三代不衰，王族的子孙并非都是不肖者，但他们没有尺寸之功就居高位，没有为国尽丝毫之力而有优俸，所以众人不服，最终的结果是耽误了自己。现在您赐给长安君崇高的地位、肥沃的封地，却不给他建功立业的机会，万一在您百年之后，他的地位怎么能保得住呢？"太后终于因此而同意了让长安君入齐为人质，赵国也因此获得了救兵。

同赵太后一样，你的上司肯定不是个傻瓜，或许是位总裁，或许是位有相当力量的人物，他之所以不接受你的建议，极可能是只为被一点小小的盲目性错误所蒙蔽，你要做的，就是为他打开这个死结。你当然可以在导入正题以后便展开一串串的理论，但这是很难成功的，因为你面对的对手是上司而不是下属，而且万一你稍微说错一句，立刻会遭到反驳，甚至因此而哑口无言，灰溜溜地败下阵来。

●锲而不舍

《荀子》中有言："锲而不舍，金石可镂。"在工作中我们也常会遇到难以说服别人的情况，这时我们可以想想电视中的广告，年复一年，日复一日，一日数次，它都在重复那几个相同的文字，以致孩子们能顺口诵出。这就是锲而不舍地劝说的诱惑力，最终使人无法抗拒，至少脑海中留下极深刻的印象。

宋朝"以半部论语治天下"的宰相赵普大家都不陌生。赵普确实是一个沉着、果断，拥有锲而不舍精神的人，是宋初经历太祖、太宗两朝的名相和一代元勋。据说有一次他向太祖推荐一位贤才为官，未被准许，第二天上朝时又当面请示，又被压下了。第三天赵普干脆递上了奏章，也就是请示报告。这样连续三次可把皇帝的怒火引了上来，太祖大发雷霆，将奏章当场撕破丢在地下。但赵普却面不改色，将碎片捡起，回家后拼凑起来粘上，改日又呈了上去。皇帝终于让步了。事实也证明，赵普是正确的，被推荐者后来为国家立下赫赫功劳，皇帝也因此而更加敬佩赵普。

后来，皇帝问赵普："如果我当时仍不允许，你打算怎么办？"他回答说："有奸人必定要把他清出官吏队伍，有贤才必定起用，这是古今通论，我身为宰相，怎么敢知贤不举呢？陛下当时不过想考验一下罢了，怎么会弃贤才而不用？"赵普事办得实在，话也答得巧妙，既表明态度，又顺便吹捧了皇帝一下，双方相悦，岂不美哉？

然而需要注意的一点是，在这种情况下你必须对自己建议的正确性有相当大的把握，否则后果可能有些不妙，即使是这一条件具备了，"锲而不舍"也有一定的限度，如果超过了这个限度，不分地点、场合、时机地喋喋不休，那样反而会让对方讨厌，觉得你是个"爱唠叨的家伙"。

因此，在使用锲而不舍的技巧说服别人时，也应该做到适可而止才行。只有这样，才能收到良好的效果。

●不卑不亢

很多人在面对上司时，难免有所顾忌，姿态放低或阿谀奉承，以委曲求全换得上司的笑脸。其实大可不必畏首畏尾，面对上司不卑不亢，言语有理有据，上司会对你产生尊重、敬佩之情。

战国时期，楚晋交锋，楚国俘虏了晋大夫荀罃，晋国俘虏了楚公子谷臣。战后，晋国提出用谷臣换回荀罃，楚王考虑到荀罃之父荀首是晋军的副帅，想借机软化荀首，使之倾向楚国。

荀罃回国前，楚王亲自召见了他。考虑到荀罃倘能世袭其父之职，手握重兵，如能争取荀罃，则能保日后楚晋安宁。

楚王问道："你当了俘虏，是否怨恨我？"

荀罃答道："晋楚交战，由于我无才作战，因此被俘，您能放我回国，这是您对我的恩惠，我怎么能够怨恨您呢？"

楚王紧接着说："那么你是否感激我呢？"

荀罃正色道："我为什么要感激您呢？两国交战，都是为了解除民众之苦难，此是国与国之间的纠纷，并非我个人之事，因此无任何感激之言。"

荀罃巧借国与国的纠纷，避开了个人恩怨，也就使自己与楚王完全平等，既表达了自己以德报怨之心，又巧妙地讥讽了楚王的小气与狭隘。

楚王不甘心，于是又问道："你回国后如何报答我呢？"

荀罃回答说："我们之间并无恩怨，因此无怨也无德，我不知如何报答。"

楚王见荀罃不为自己拉拢所动，于是最后试探说："倘若以后你领兵作战将会如何？"

荀罃回答说："如果回国后国君和家父都能免我一死，让我领兵作战，如果遇到楚军，我将不敢回避，直到战死，决不三心二意，以尽忠臣之责。"

楚王听后，既对他无可奈何，又对他敬佩不已，于是举行了隆重的仪式，送荀罃回国。

荀罃身为受俘之臣、战败之将，面对楚王的利诱，巧言表明了将与楚军作战的气概，句句恳切感人，掷地铮铮有声，使楚王既失望又敬佩。因此，在与上司沟通时，也要做到不卑不亢，不要一味地巴结上司，而完全失去了自己的立场。

☼ 善于表现，成为上司重视的人

引起上司的关注，让上司重视你，从而为自己事业的发展奠定良好的基础，是每个人的心愿。"不想当将军的士兵不是好士兵。"但是，要想做到让上级重视你，关键是要表现出你的不同之处，从而从千百万人中凸显出你的个性来。

●帮助上司释疑解惑

发表讲话是上司工作内容中的重要部分。为了协调好各方面的关系，上司常常要在不同时间、不同地点、面对不同的听众发表各式各样的讲话，这就致使上司有时忽略了对听众接受能力的具体分析，从而使讲话听起来艰涩难懂、不易接受。这时候，作为下属，应当在适当的时刻站出来，帮助上司诠释其讲话中不太好懂的地方，使上司的意图能够得到更完整、更明确的表达。

● 善于稳定上司的情绪

当上司的怒气不利于工作的顺利开展时，可先采取措施缓和其情绪，然后委婉地提示上司应对某些问题采取审慎、理性的态度。在处理各项事务时，面对下属工作的不力，上司有时会控制不住自己的情绪，对下属发起火来，这一方面使他忽略了要处理的事务，导致工作延迟，另一方面也不利于个人威信的建立与巩固。作为下属，此时应果断采取措施，缓和上司的暴躁情绪，等其逐渐冷静下来之后再委婉地提示他应对某人某事采取审慎的态度，不要因一时的冲动而致使正常的工作无法开展。

有一次，局里召集各科室的负责人开会，准备安排下一阶段的工作任务。在会议开始的汇报工作上，有一位科长工作责任心不强，没把几项交办的工作做好，还捅了娄子，结果引得局长很恼火，发了不小的脾气，使会议气氛十分紧张。秘书小王目睹此景，便建议休会，先休息10分钟。在休息的间歇，秘书小王递了一个纸条给局长，上面写道："刘局长，会前你曾说过，这个会议的主要议题是布置工作、动员干部，刚才的会议气氛有点儿紧张，不利于这次会议的顺利进行。有些问题似应专门开会或会后再解决。"

复会后，小王发现刘局长已恢复了正常，并把会议引导到了正常的议程上。会议比较圆满地结束了。

会后，当只剩下两个人的时候，刘局长笑着拍了拍小王的肩膀说："小王啊，多谢你的'清凉剂'呀！"以后，小王与刘局长结成了非常好的工作伙伴，小王也越来越受局长的赏识了。

在局长发脾气而忽略了开会的主要议题时，小王先适时采取措施暂停会议，让局长慢慢冷静下来，然后以写条子的方式用委婉的语言提示领导恢复理性的心态，抓住开会的主旨，使会议顺利地进行下去。所以说，小王不愧是局长的得力助手。

第九章 CHAPTER NINE
职场沟通张嘴就来

☀ 组织部门考核员工的谈话艺术

很多人把组织部门考核员工想象得很简单，其实不然。这里也存在谈话技巧的问题。如果讲究谈话技巧，就可以获得准确、丰富的材料，便于客观、全面地评价下属；如果不讲究谈话技巧，只能得到零散的材料，甚至使本应该了解的情况没有了解到，影响考核的质量。所以，考核员工的谈话技巧也应该引起充分重视。

● **运用多种谈话方式**

考核员工要巧妙地运用多种谈话方式，把谈话不断引向深入，获得尽可能多的、完整的材料。大体有这样四种谈话方式。

一是提问。开门见山、直截了当地说明意图，或者请谈话者谈谈考核人的全面情况，或者请谈话人谈谈某一个问题，很快提出话题，使谈话迅速进行。

二是引导。有时说话人不愿意谈或不善谈，三言两语就谈完了，没有提供可资评价的材料。这时，可以从谈话人和被考核人的联系谈起，引导其谈论他最熟悉、最关心的问题。也可以采取迂回的办法，聊天漫谈，逐渐引上正题。

三是追问。谈话中发现了新的线索，就要追问下去。谈话人介绍的事件如果不完整，也要追问，一件一件问清楚。

四是研究讨论。请谈话人谈谈对问题的看法，共同探讨，帮助考核人员正确地认识问题。

●和谈话人建立起感情的桥梁

由于考核人往往是上司，所以被考核人有些顾虑，怕谈话内容传出去会给自己带来不良影响。还有的人对组织部门有种敬畏感，不能畅所欲言。所以，谈话时一定要搞好感情交流，使对方不把你当外人看待，能够谈出真实情况，讲出真话、心里话，逐渐做到无话不谈。

第一，考核人态度要热情、诚恳、落落大方，不要摆架子，盛气凌人。从衣着到举止言谈，让谈话人产生好感，感到你是可以信赖的人。

第二，创造一种愉快的交谈气氛。人在精神愉快的时候，思路才开阔，谈话的兴致才浓厚。所以，可以谈一些双方共同熟悉的人和事，或共同感兴趣的问题，取得感情上的亲近，以消除顾虑，解除拘束感。

第三，注意力要集中到谈话人身上。不要只顾埋头记笔记，双方视线要经常交流，表示出对谈话人谈的内容是感兴趣的。

第四，要有耐心。不要认为对方谈的内容符合需要就认真听，谈的内容不够理想，或者与前面谈过的有些重复，就表现出一种厌烦情绪。

第五，不要急于显示自己的博学，对对方的话评头品足，引起对方反感。

●边谈边动脑思考

谈话时，话要问得恰到好处，要注意接收对方发出的信息，手要不停地记录，但最重要的是脑子要灵活地思考。主要应思考以下几方面的内容：

一是考虑被考核人到底是什么特点，考核材料将怎样形成。这是最终目的，和每个人谈话时都必须记住，围绕这个目的来谈话。要根据谈到的情况，不断地对被考核人做评价；同时，要考虑评价员工的材料是否充足，还缺哪些具体事例。

二是考虑谈论的情况是否真实，还需要向谁核实。一件事尽量多和几个人谈谈，印证一下它的可靠性，避免失实。

三是注意谈话人的情绪怎样，该谈的是否都说出来了，是不是心里话。

四是有没有新线索，哪些事情还需要深入挖掘。

五是考虑谈话是否在题，既不要不恰当地打断对方的谈话，妨碍对方的思考，也不要放任自流，尽谈一些空泛的东西，或者鸡毛蒜皮的琐事。

这五点是交谈中应切实把握的。

☀ 人事部门主持面试的谈话艺术

随着人事制度改革的日益深入，通过招聘来选录称职的工作人员，已经成为各单位的一种重要招工形式。而借助招聘来选择理想的人选，就免不了要对应征者进行一番面试。这样，娴熟、出色地运用好面试这门艺术，对作为某单位的代表 —— 通常是面试主持者来说，就显得至关重要了。这在很大程度上决定了他能否达到预期的目的，即挑选到合适的工作人员。

要真正使面试卓有成效，主持者除做充分准备外，还得熟练借助各种交流技巧，巧妙地驾驭面试，使之朝着预期的目的发展。

心理学研究表明，在轻松愉快的气氛下，一个人最乐意让自我得到充分表现。面试能否顺利开展，在相当程度上取决于主持者能否设法在面试一开始，就在双方之间建立起一种亲善友好的欢快气氛。主持者可借助真挚的问候、自然而又活泼的寒暄、温和而又简单的提问或随便聊天等方式，来创造互相沟通的良好气氛。

面试正式开始时，主持者应就面试情况做些笔记（当然，个别情况下，记笔记可出现在面试结束之际，以记下面试的结果）。做笔记一方面可帮助自己记忆有关内容，另一方面还可给求职者以某种心理满足，使他感到自己的求职申请正在被认真考虑。

面试进行过程中，主持人熟悉对方、了解对方的重要手段是提问。因此，主持者熟练、巧妙地借助各种提问，避免出现乱打乱撞现象，对确保面试有目的地进行是至关重要的。一般来说，提问应掌握以下几个原则。

（1）明确提问目的，如是为了了解某个情况还是为了就某个情况做出评价。

（2）不随意打断对方的话，只有在认真倾听基础上，才提新问题。

（3）每次只提一个问题，每个问题都有鲜明的针对性。

（4）除要了解一些对方的简单情况，靠"是"或"不是"就能回答的问题外，一般应多提像"关于这个问题，你的看法如何"或"你对××问题是如何看的"等开放式的问题，供对方思索，以了解其思想、观点、思维、组织、应变能力等。

（5）不提使对方难堪或无法回答的问题。

（6）避免提带引诱性的问题。

（7）提问之后，要及时转移到新问题中去。

（8）避免扮演"检察官"角色，似乎你正揭露对方答话中的过失或谬误。你可因不清楚或重要问题重新提问，但不宜对其评头论足甚至斥责。

面试进行过程中，主持者还得对应征者的某些问题做出回答。在应答中，主持者应注意以下几点。

（1）答话直接针对应征者的问题，不东拉西扯。

（2）答话要给应征者以明确、具体的答案，不模棱两可、闪烁其词。

（3）答话要简洁，避免垄断话题现象。

（4）答话后即把话题引向有关内容。

（5）使用亲切、柔和的声调，切忌严厉或挑衅性的声调；否则易使应征者感到紧张，从而影响到他的自我表现。

第十章 CHAPTER TEN

宴会发言张嘴就来

☼ 说好祝酒词

在欢迎佳节、迎送宾客、吉庆喜事等活动的酒席上，人们常要举杯祝酒，说一些美好的话语，互相表达祝贺和希望。一段好的祝酒词，能使酒宴的气氛更为欢快轻松，使入席者的感情更为融洽密切。所以，我们参加宴会时，一定要把祝酒词说好。

●围绕一个主题

一旦开始祝酒，就不要离题，要围绕着一个主题，保持一个完整的结构，逐步趋向一个明快、自信的邀请，让每个人都举起酒杯，还要把你所祝愿的那个人（或那些人）的名字准确无误地、牢牢地记在脑子里。你的主题可以着眼于被祝愿人的成就或品质、一件事情的重要意义、伙伴们的乐事、个人的成长或集体工作的益处，等等。无论说什么都要和那个场合相适应。例如老友聚会，那么可以说："此时此刻，我从心里感谢诸位光临！我极为留恋过去的时光，因为它有着令我心醉的友情，但愿今后的岁月也一如既往。来吧，让我们举杯，彼此赠送一个美好的祝愿！"

●适当地妙用修辞

适当地采用修辞，能使讲话更有感染力，给人留下深刻印象。

第二次世界大战期间，美国总统罗斯福在德黑兰会议的一次晚宴上说:"虹有很多颜色,各不相同,但它们混合成一条灿烂夺目的彩练。我们各个国家也是如此。我们有不同的习惯,不同的哲学和生活方式。我们每个国家都按照本国人民的愿望和理想来拟订我们处理各种事情的计划。可是德黑兰会议已经证明,我们各国的不同理想是可以组成一个和谐的整体,团结一致地为我们自身和全世界的利益采取行动的。所以,当我们离开这次历史性的聚会时,我们能够在天空第一次看见希望的象征——彩虹。"

罗斯福的祝酒词用彩虹来比喻不同国家的和平共处,非常形象和贴切,为宴会增添了不少温馨的气氛。

比喻可以使祝酒词生动形象。例如,两校建立校际关系,其中一方致辞说:"过去,我们的交往只是一条小路;现在,却是一条宽敞的大道。我相信,我们的友谊和交往一定会成为一条高速公路。"这一连串的比喻,言辞贴切,恰到好处地说出了他内心的祝愿,赢得了大家热烈的掌声。

●适时进行联想

在祝酒时如能就地取材进行联想,就可以产生出乎意料的好效果,使人生发出许多美好的想象,从而达到使人愉悦、令人振奋的目的。例如你端起席间一杯矿泉水,在不同的情况下可以引起不同的联想,运用不同的语词。

在朋友的聚会上你可以说:"俗话说,如鱼得水,看见这杯矿泉水使我想起我们的友谊。鱼儿离不开水啊,正因为有了深厚的友谊,才使我们顺利地在艰苦的生活中成长起来。现在我们又一起回到了家乡,更是如鱼得水。相信今后我们的友谊将会与日俱增。我建议为友谊干杯!"

在为老师祝贺生日的聚会上可以说:"同学们,这是一杯水。看见这杯水我想起了'饮水思源'这个成语。我们之所以有今天的成功,完全是老师辛勤培养的结果啊！师恩难忘！这水又使我想起了另一句话：滴水之恩，涌泉相报！我们一定要努力再努力，以报答老师的教诲！同学们，让我们以水代酒，祝老师永葆青春！"

☆ 把握好劝酒的"度"

劝酒对于营造氛围具有重要作用。同时，劝酒也是一门艺术。我们常能在酒宴上发现这样的劝酒高手，几句"花言巧语"就搞得你明明酒量有限，却还是喝了个酩酊大醉。应该说，既要让对方尽其所能地喝酒，又要活跃气氛，此外还不伤和气、不损面子，这是一位劝酒者的基本"责任"。所以，我们在劝酒时一定要把握好度，使劝酒恰到好处。

●真诚地赞美对方

人对于赞美的抵抗力往往是微弱的，特别是在酒桌上，热闹的气氛使得人的虚荣心很容易膨胀起来，而虚荣心一膨胀，人就免不了要做出一些超出常规的"豪壮之举"。另外，在酒桌上赞美对方的酒量或学习成绩、工作成绩，如果对方仍坚持不喝，就会牵涉一个面子的问题，酒桌上众人的眼光会给他造成一种无形的压力：既然你能喝，既然事业这么得意，连杯酒都不愿喝，是瞧不起我们吗？这种压力是对方很容易感觉到的，因而他即使是迫于压力也得拿起酒杯。

单位里的张鹏考上了研究生，在单位为他举行的欢送会上，你作为他的上司，可以这样劝酒："功夫不负有心人，汗水浇灌出了丰硕的成果。

我们今天祝贺你，这杯酒你得喝完。"在这种情况下，张鹏不得不喝下别人的劝酒。

●强调场合的特殊意义

人逢喜事精神爽。有些人从不喝酒或从不喝得太多，但在一些特殊的喜庆场合就愿意喝两口或多喝几杯，一方面是心里高兴，另一方面也是场合的特殊性使然。那么，劝酒者在劝酒时不妨就多强调一下此场合的重要性、特殊性，指出它对于对方的价值与意义，这样既能激发对方的喜悦感、幸福感、荣誉感，又使他碍于特定的场合而不得不愉快地再饮一杯。

在一次老同学聚会上，一位久未谋面的老同学不喝酒，你劝酒时可以这样说："好，这杯酒我也不劝你了，你愿意喝就喝，不愿意喝就别喝。反正今天是我们毕业后的第一次大聚会，下次再聚真不知到什么时候了。我知道你酒量不行，这杯酒你要是觉得不该喝，大伙儿也都同意，那我也就一句话不说了……"话说到这时，那位老同学一般也不会再推辞了。

这种强调场合特殊意义的劝酒方法一般是都能见效的，因为没有谁愿意在这种场合给大家留下破坏气氛的坏印象。

●强调自己与对方的特殊关系

酒宴是联络和增进感情的重要场所，通过向同级、上级与下级敬酒、劝酒，能够促进双方的情感交流，使彼此的关系更密切、稳固。一般来说，如果劝酒本身真的能够达到这个目的的话，对方是不会轻易拒绝的。针对这种心理，我们在劝酒时可以充满感情地强调一下自己与对方的特殊关系，使劝酒变为两人之间独特的情感交流方式。

●用反语激将

每个人都有自尊心，为了维护自己的自尊心，人有时很容易突破常规，做出某种强硬之举。在酒桌上也是一样，如果我们能恰到好处地使用反语刺激对方的自尊心，使其认识到不喝这杯酒将会多么损害自己的尊严，那么对方往往就会"豁"出去了，逞一回英雄。不过，使用此方法劝酒一定要注意适可而止，如不成就干脆作罢，以免真的戳痛了对方的自尊，两人较起劲儿来，甚至伤了和气，那就得不偿失了。

在一次单位员工的聚餐上，小张在喝了一杯后就不再喝了。这时，同事这样激他："小张，你看看，单位里的小伙子可是每人一杯酒，女士可以例外。如果你不是男子汉，这杯酒你可以不喝。要不，我给你叫瓶'露露'？你瞧，女士们可是人手一瓶啊。"小张被激将说道："谁说我不能喝？我偏偏喝给你们看。"说着，一仰头就喝完了。激将法在这里取得了效果。

●采用以退为进的方法

对于某些酒量确实有限的人，特别是女士和年轻的小伙子，过分勉强显然是不太好的，那么就不免在饮酒的量上做些让步，自己喝一杯，别人喝半杯，或改喝啤酒，以此来说服对方。

对方在你苦劝之下执意不喝，本身就多少有些不好意思，此时你再做出让步，对方恐怕就不便再推脱了，不过这时你必须是一个酒量不错的人，因此在这方面吃点"亏"也算不了什么。

在向一位女士劝酒时，有人使用了这一方法："王琼，我这唾沫都快说干了，你还是不喝，看来你真是不准备给我留面子了。那好吧，我就不要面子了。你喝半小盅，我陪这一大杯总行了吧？这回你再拒绝，我就只能找个地缝钻进去了！"说完，一仰脖就喝干了。王琼见状也只好喝下了这杯酒。

以上这些方法技巧在使用时一定要注意场合。其实最重要的一点是大家别忘了饮酒也是文化，酒宴应当成为文明、礼貌的交际场所。大家叙叙旧、谈谈生活、切磋技艺、交流思想，这才是酒宴的宗旨，因此它应该是融洽亲切、高雅欢快的场面。

学会巧妙地拒酒

在举行酒宴时，大家都乘兴举杯而饮，但由于每个人的酒量都有一定限度，如能喝得适量自然是有益无害的。因此，面对对方的盛情相劝，我们还需巧妙地拒绝。成功的拒酒，不但使自己免受肠胃之苦，而且不会让对方觉得你不给面子，更不至于伤了和气、坏了事情。

●把身体健康作为挡箭牌

喝酒是为了交流情感，也是为了身心的愉悦，这一点谁都清楚。如果为了喝酒而喝酒，以致折腾坏了身体、损害了健康，那显然是因小失大了，这是谁都不愿意看到的。因此，我们可以以身体不舒服或是患有某种忌酒的疾病（如肝脏不好、高血压、心脏病等）为理由拒绝对方的劝酒，这样对方无论如何是不好再强求了。

张东参加一个宴会，好友王强好久未曾和他相逢，提出要和他痛饮三杯。张东说："你的厚意我领了，遗憾的是我最近一段时间身体不适，正在吃药，好久已是滴酒不沾，只好请你多关照。好在来日方长，后会有期，日后我一定与你一醉方休，好吗？"此言一出，大家都纷纷赞许，王强也只好见好就收了。

●提及过度喝酒的后果

饮酒当然应是喝好而不喝倒，让客人乘兴而来、尽兴而归。那种不顾实际的劝酒风，说到底，也不过是以把人喝倒为目的，这充其量只能说是一种低级趣味的劝酒术，乃劝酒之大忌。作为被劝者，当酒量喝到一半有余时，应向东道主或劝酒者说明情况。如："感谢你对我的一片盛情，我原本只有三两酒量，今天因喝得格外称心，多贪了几杯，再喝就'不对劲'了，还望你能体谅。"如此开脱以后，就再也不要喝了。这种实实在在地说明后果和隐患的拒酒术，只要劝酒者明白"乐极生悲"的道理，善解人意者就会见好就收。

●以家人不同意为由

一般来说，以爱人的禁止为由拒酒往往容易让对方觉得你在找借口推脱，这是因为他想象不到这个问题对你有多么严重。因此，你必须在拒酒时讲得真实生动，把自己不听"禁令"的后果展示一番，让对方感到让你喝酒真的是等于害了你，他也就停止劝酒了。可以说，把理由讲得真实可信是使用此方式拒酒的关键之处。你可以说："我爱人一闻我满口酒气就和我翻脸。我不骗你，所以你如果是真为我着想，那我们就以茶代酒吧。"这样一说，对方也就无话可说了。

●挑对方劝酒语中的毛病

对方劝你喝酒，总得找个理由，而这理由有时是靠不住的。特别是一些并不太高明的劝酒者，其劝酒语中往往会有不少漏洞可抓。抓住这些漏洞，分析其中道理，最后证明应该喝酒的不是你，而是对方，或者是其他人，到最后不了了之。只要这个漏洞抓得准，分析得又有理有据，那么对方就无话可说，只好放弃这位难对付的"工作对象"。

在一次朋友聚会上，有人这样向章华劝酒："'张先生'，这一桌席上只有我们两位姓张，同姓 500 年前是一家，看来我们是有缘分，这杯酒应当干掉！"此时章华抓住其疏漏这样拒酒："哦，我很想跟您喝这杯酒，可是实在对不起，您可能搞错了，我的'章'是'立早章'，不是'弓长张'，所以我不知道这两个同音不同字的姓 500 年前是否也是一家。所以，您这杯酒我不好喝。"对方理由不成立，便也再没法劝章华喝酒了。

第十一章 CHAPTER ELEVEN

应酬亲友张嘴就来

与亲友沟通的方法

亲友，是亲戚、朋友的总称。亲戚关系，因为它是以血缘为联系的，所以，以此为联结的各方就有一种自然的亲近感，久而久之，当然也就有了感情和友谊。朋友关系，则主要是思想、情趣、性格相近才组合形成的。它们都不是孤立、超越于社会关系之外的，都是社会关系的一部分。我们在日常生活中总要与亲友打交道，因此与亲友交谈的语言艺术不可忽视。

●推心置腹，相互信任

同祖曰亲，同师曰朋，同志曰友。亲友之间联结的纽带主要是血缘和感情，因而理应志同道合、互相关心、互相帮助。表现在语言上则是语气朴实、忠诚，不客套、不作假，适当地公开自我、敞开心扉，以一个真正的自我与亲友相交谈，平等待人、互相理解，争取对方的信任，同时也信任对方。为此，应该注意两点：

一是从对方的角度回答问题。在回答对方的问题、评价对方语言时，首先问问自己："他为什么要这样说？""假如我是他，我也会这样说吗？"即使对方的要求你不能满足，也应用一种适当的方式和他交换意见，使人感到你通情达理。

二是对对方的想法、做法、说法表示同情。有人极为推崇这样一句处理人际关系的话："我一点也不怪您有这种感觉，如果我是您，很可能也会这么想的。"其实，这句话的可取之处就是表现出对人的理解。双方相互理解了，工作也就好做了。当然，理解的东西并不一定都要同意和支持，有的事情，理解其心情，但不一定肯定其做法和思想出发点。因此，不能不讲原则，对什么都同情。

语言上推心置腹、互相信任，容易使亲友认为我们是"自己人"，获得极大的安慰感和心理满足，从而更能理解和支持我们的工作。

●动之以情，晓之以理

攻与守，都是策略。攻者主动，守者被动，攻为进取，守为防御，二者各有千秋，难分伯仲。然而，攻与守并不是水火不容的。守可谓"不让"之攻，攻可谓"主动"之守。我们在与亲友的语言交往中，以攻为守更有其独特的妙处。

在我们的亲友中，求情办事者屡见不鲜。一方面是因为亲友之间互帮互济本是人之常情，另一方面是由于你可能有一定的实力，办事容易，所以众多亲友莫不有求于你。对此，你既无法一概回绝，又难以统统满足，怎么办？与其消极防御，不如"主动出击"。

"主动出击"就是率先发动感情攻势，"逆流而上"。因为亲友既然有求，那么他们的拿手好戏也不外乎是套近乎、拉关系，其前提是你可能不答应。你若热情接待、情真意切，很容易使对方感动。此时，能办的事给办，不能办的事你情理并重，感染和说服对方，使之感到你有你的难处，从而取得对方的谅解，不再强求。

●保持距离，适当回避

有些事，不便直接反驳亲友，又不能应承下来，可以对此保持一定的距离，或在语言上予以"回避"。一是，可以把问题推开，做出力不从心之状；二是，也可以顾此而言他，绝口不提此事，甚至装聋作哑，不予正面回答；三是，还可以通过一种曲折的途径予以反驳。其基本方式主要有以下几种。

1. 他人转告

这种方式是请求关系较好的第三者代劳。如："他这几天身体不太好，我看这事暂且就不要去麻烦了吧。""上次为这事，他和王经理弄得很不好，你是不是另想办法，免得使他为难？"这些话经第三者（最好是家庭成员）说出，你的态度也就很自然地为亲友所知晓。

2. 推托其辞

如："这事我一个人也决定不了，还得经过大家讨论，恐怕很难通过。"在不便明言相拒的时候，推托其实是一种比较好的办法。

3. 答非所问

如："此事您能不能帮忙？""我明天必须去开会。"用答非所问委婉拒绝了对方。

4. 拖延回答

如："请您今晚到我家来吃饭。""今天恐怕不行了，下次一定来。"下次是什么时候，实际上并没说定。对方若是聪明人，就不会再强人所难了。

5. 转移话题

如："此事务请帮忙！""你也没有吃饭吧？"对方一听便知，你既不想回答他的问题，又下了逐客令（"我想吃饭"）。

●转移重心，以李代桃

"献其可，以去其否"，这是《左传·昭公二十年》中的一句话。"献可替否"已成为一个成语，意思是建议可行的而替代不该做的。

亲友所求之事，可能千奇百怪，只要不违背原则，理应尽力帮忙，切不可漫不经心、敷衍了事。但亲友托办的某些触犯原则之事也不可一口拒绝，应在讲明道理之后，帮助想一些别的好办法作为替补。因为一般的人都有一种补偿心理，结果虽然并不很理想，但看到对方已尽了力，情感便得到了满足，这就在某种程度上将原有的失望感抵消了一部分。如在不违反原则的情况下，又为亲友找到了其他的解决办法，那就更能使亲友满意了。

应酬亲友的忌讳

在对待亲友时，有些人觉得自己有身份、有地位，往往在亲友面前傲慢无礼，甚至目中无人，这些都会引起亲友的反感，不利于亲友关系的维护，也会对自己的工作、生活产生不利影响。所以，我们在应酬亲友的过程中应尽量注意，避免以下几种情况。

●虚伪客套

我们在与亲友沟通时，适量的冗余话是必要的。但冗余太多，以致废话连篇、虚伪客套，使人感到缺少诚意、华而不实，这样必然会影响双方的感情。

俗话说得好：文有文风，说有说风。其中说风是一个人立场、观点、作风、修养等在说话中的综合体现。说假话、大话、空话、套话等来自为人的虚伪不实。在人际关系中，亲友关系是自我开放区域比较大、相互之间信任感比较强的部分，倘若对待亲友的语言都虚伪客套、拐弯抹角、毫无诚意，那么其为人也就让人不寒而栗了。

有人说："一两重的真诚，价值胜过一斤重的聪明。"在语言沟通中，唯有真诚的心力与情感，才能发出磁石般的影响，使亲友们理解你，并支持你的工作而不帮"倒忙"。

●居"官"自傲

如果你是一位官员或企业领导，切不可在亲友面前居"官"自傲、忘乎所以、目空一切、盛气凌人。领导者的职务得到晋升，这是工作的需要，说明肩负的担子更重、责任更大，更需要有全心全意为大家服务的精神，兢兢业业地做好工作。有些人在亲友中间企图显露自己地位的显赫和权势的重要，言谈举止之中常常流露出扬扬自得、唯我高明的神态，这是很不应该和无自知之明的表现，发展下去会弄得众叛亲离。领导者在亲友之中，不应该摆"官架子"，而应以亲友中一员的身份出现。"当着家人，不谈外话"，"见着朋友，莫打官腔"。只有态度谦和、亲切有礼，才会受到亲友们的尊重。

●放弃原则

坚持按原则说话、办事是我们做事的基本原则。有些人在工作单位和一般同志中间尚可自重、自控，但到了亲友中间便放松要求、不顾原则，犯了自由主义的毛病。他们随意泄露组织和人事秘密，议论领导班子成员，评价他人是非，发泄对他人的不满。岂不知亲友关系和素质也是复杂的，几经传播，便弄得谣言四起、议论丛生，破坏了团结，涣散了纪律。所以，我们在任何时候都必须坚持原则，任何在思想上和语言上的无原则性与自由主义，都是大忌，必须引以为戒。

第十二章 CHAPTER TWELVE

拜访他人张嘴就来

☀ 拜访他人的语言艺术

在日常工作和生活中，我们也少不了要出于各种原因去拜访别人。而拜访时的言谈举止得体，是实现拜访目的的关键。因为言谈举止是个人素质的外在体现，它会使对方产生一种感情，或是高兴愉快，或是厌恶鄙夷。在不同感情的导向下，对人对事会有不同的看法。在愉悦心情支配下，对方会尽力给你支持和帮助；反之，你将被拒之门外。

●寒暄不可少

有几位女士想到一个钓鱼的桥墩上去观看正在海湾中举行的划艇比赛，可几次都被警察挡住了，理由是那里钓鱼的人太多。这时，他们中的一位女士说："让我去试试。"她走到警察面前问他太阳底下是否感到难受，对他工作的艰辛表示理解和同情。当警察说到自己如何喜欢钓鱼时，女士适时进言，表达了自己的愿望，警察终于开了绿灯。

这位女士的成功在于她掌握了使自己处于有利地位的交谈技巧。作为拜访者，也应掌握上面例子中这位女士运用的"V型转换"谈话技巧，而寒暄正是这种技巧的具体体现。拜访中双方交谈，首先不要进入实质性的问题，可先谈谈天气，问问主人家小孩子的学习情况，说说趣闻，关心关心他家老人的健康，等等。待交谈气氛融洽时，也就是双方心理相容时，再慢慢说明来意。这样，定能使你乘兴而来、满载而归。

●言谈不要散

主客寒暄之后，拜访者要适时进言，以免耽误对方过多的时间。一般来说，交谈时间以半个钟头为宜。这就要求拜访者用言简意赅的话语说明自己的来意。谈得太散，既浪费时间，又影响主旨的表达，有时还可能说些不该说的话。比如，询问对方的经济收入，评点一下他的家庭布置，或者对某个问题穷追不舍，等等。这些都可能引起对方的不快，并由此影响到拜访目的的实现。谈话没有节制是拜访交谈之一忌。在节制内容的同时，还必须节制音量。无所顾忌、高谈阔论，会搅乱主人家闲适而安静的生活。客人说话要"调好音量旋钮"，千万不要敞开嗓门说话。

●体态语不宜多

有这么一个故事。有一个人进餐馆吃饭，吃完了才发现忘了带钱，便对老板说："老板，今天我忘了带钱，明天一定送来。"老板连声说："行！行！"并恭敬地送他出门。这件事被餐桌旁一个无赖看在眼里，他也想趁机捞点便宜。这个无赖吃罢饭菜后，假装摸摸口袋，然后仿照前面那位顾客说了一通。谁知老板听后脸孔一板，揪住无赖，非要他交钱不可。无赖不服气地说："人家赊账可以，老子为什么不行？"老板说："人家吃饭斯斯文文，喝酒一盅一盅地喝，吃完饭还用手帕揩嘴，是个有德行的人，欠了钱一定会来还的。你呢？双脚蹬在凳子上狼吞虎咽，端起酒壶往嘴里灌，吃完用袖子揩嘴，一副无赖相。你不给钱，我能放心吗？"一席话说得无赖哑口无言，只好乖乖地付钱。

店老板是凭顾客的举止确定人的可信度的，因为举止能反映一个人的品德与修养。人们常说，听其言还需观其行，这说明有时举止比言语有更大的可靠性。主人对拜访者的印象，来自听觉和视觉两方面。举止不文明，体态语过多，如得意时手舞足蹈、不安时频繁走动、痛苦时捶胸顿足，或是指手画脚叙说某件事、抱起主人家小孩使劲亲，等等，这些都会引起对方不悦，成为实现拜访目的的障碍。

☆ 探望病人的语言艺术

"月有阴晴圆缺，人有旦夕福祸"，谁都会有生病住院的时候。当亲朋好友或上司、同事生病的时候，我们肯定不能装聋作哑，而必须抓紧时机向其示爱。这样对于病人保持良好心态、早日康复很有好处；同时也有利于促进大家的和谐，顺利开展以后的工作。

●不要触及病人的痛苦

探望身患重病的不幸者，不必过多谈论病情，谈话不要触到病人最难受的症状，以免病人心烦。如果对方本来就背着生病的精神包袱，你再过多地谈病情，势必使包袱加重。当你看到病人脸色憔悴时，不能大吃一惊地问："您的脸色怎么这样难看？"而要说："这儿医疗条件好，您的病一定会很快好转的。"

探望时较好的谈话方式是：先简要问问病情，然后多谈一谈社会上生动有趣的新闻，以转移对方的注意力，减轻精神负担。久居病室，这种新消息正是他渴望知道的。如能尽量多谈点与对方有关的喜事、好消息，使他精神愉快、心宽体胖，更有利于他早日康复。

●多谈愉快的事情

尽量多谈一些使病人感到愉快、宽慰的话语和事情。安慰病人，目的是让他放松心情，早日恢复健康，所以，决不能把有可能增加其忧虑和不安的消息带去，还要避免谈论可能刺激对方或对方忌讳的话题。然而一般来说，病人总要对探病者讲自己的病情和感觉，这时，应该认真聆听，并从中发现一些对病人有利的因素，以便接过话题，对病人进行安慰。例如，病人说过"胃口不错"的话，探望者就可以借题"发挥"，多讲些胃口好对战胜疾病的重要意义，使病人认同这是个有利条件，从而增强战胜疾病的信心。

●从反面谈生病的意义

人生病了，从哪个角度去讲都没有积极意义。但是，为了让病人宽心，我们完全可以换个相反的角度，从人生的过程着眼，赋予生病一些价值与意义，使病人觉得自己尽管耗损了身体、耽误了工作，却一样能够收获一些特殊的体验或能力，从而在精神上有一种补偿感。当然，在此之前最好先强调一下病人病情的好转，使其具备一个深入思考的心理基础。

例如，某人去看望朋友，他一反惯例，既不问病情也不讲调治方法，而这样安慰道："看来，你的危险期已经过去了，这就好了。今后，你就多了一种免疫功能，比起我们，也就增加了一重屏障，这种病，也许就再不会打扰你了！"探病者对生病有意义的另一面的看法颇为独到。他先指出病人的危险期已经过去，让病人稍感宽慰，然后再强调生病虽然不是好事，但却使病人具备了别人没有的优势：对此病产生了免疫能力，今后不会再得此病了。病人听他这样一说，心理上自然得到了某种补偿，心情也就好多了。

●强调病人的其他优势

病人被病痛所折磨，只会关心该病本身的严重与否，却很少会考虑决定病情与康复的其他重要因素。作为探病者，我们很有必要把病人在其他方面的优势因素挖掘出来，摆到突出而重要的地位上去，强调这些优势因素是其他病人所不具备的，因而病人完全有理由采取比他人更为乐观的态度。病人认识到自身的这些优势条件，肯定会对康复恢复应有的信心。

有一个年轻建筑工人在高空作业时不慎摔伤，处于昏迷状态。患者在医院里苏醒后，觉得下肢不听使唤，遂怀疑自己将终身残疾，萌生了轻生念头。患者的一个朋友发现他的这一思想苗头后及时鼓励说："你年轻力壮，生理机能强，新陈代谢旺盛，只要你积极配合治疗，日后加强锻炼，肯定不会残疾。这是医生说的，请你相信我！"短短几句鼓励话，使患者抛却了轻生念头，增强了治疗信心。以后的日子，患者不但积极配合治疗，而且坚强地投入了生理机能的恢复锻炼，数月后即伤愈出院。后来他跟这位朋友说："要不是你适时给予我鼓励，我是无论如何也不会对恢复健康抱有信心的。"

在这里，病人仅根据自己下肢不听使唤这一症状就认为自己将终生残疾，这说明他过多地考虑病情，却没有认识到其他方面的影响因素。朋友抓住病人身体素质好这一优势，突出强调，尽力使他相信自己不会残疾，并强调这是医生所说，结果使病人重新对康复抱有了信心。

●从病人细微变化做出乐观估计

在生病时，由于受病痛困扰，病人往往会对病情怀有深深的忧虑，如得不到及时的疏导就可能导致悲观情绪的滋生，对治疗采取消极的态度。在探病时，我们不妨抓住病人身上的细微变化做文章，强调此变化意味着病情正在慢慢好转，预示着康复已是大有希望。在说此番话时，我们可以装作不经意的样子，越是这样就越能让病人信以为真，使其对自己的病情做出乐观的估计。

有一个患黄疸型肝炎的患者通过一段时间的住院治疗，总以为自己的病没有好转，产生了悲观情绪，丧失了治疗信心。这时，一个朋友前来探视，遂暗示说："你的脸色比以前好多了，听医生说，你的黄疸指数已有所下降，这说明你的病情在好转！"这句暗示性语言，使患者的精神倏然振作，并乐观地接受了治疗。不久，他便病愈出院了。

探病者抓住了病人脸色的变化，暗示病人的病情"比以前好多了"，然后又引用医生的话来加以证明，使病人很自然地信以为真。其实，病人的脸色是不是真的好多了并不重要，重要的是让他振作精神、鼓起勇气和坚定信心。

●劝病人安心养病

人生病后，正常的学习、工作、生活等都被迫中断，自己不得不暂时与外界隔离，过上与病痛为伴的索然无味的生活。任何一个人得了病，恐怕都会感到烦躁、焦虑，特别是一些性子急的人，巴不得马上康复，把失去的时间补回来。对于这样的病人，讲个故事或打个比方，让其意识到"一心不得二用"的道理是非常必要的。只有让病人明白了这个道理，他才能够认识到自己的焦虑是非但无益、反而有害的，从而安心养病。下面就是这样一个例子：

某校的高中生刘明，因班内学习竞争比较激烈，又面临期末考试，结果一下子把身体累垮了，住进了医院，体重锐减了十几斤。住院期间，他总是惦记着自己的学习，生怕因为耽误了功课而落到后面去，结果反而加重了病情。他的朋友王东来探望他，知道了刘明的这种情况，便对他说："我希望你把你的生活想象成一个沙漏。你知道吗？在沙漏的上一半，有成千上万粒沙子。然而，永远也没有办法让两粒以上的沙子同时从一个窄细的漏管中流下去。我们每个人都像这个沙漏。每一天都有许多事情要做，如果我们一件一件地做，就像沙子一粒一粒地通过沙漏一样，那么我们就既能把事情做好，又能保证身体不受损害。相反，如果像你这样一面养病，一面还想着去背课文、做习题，那你就既没法搞好成绩，又养不好病，只有坏处没有好处，是不是？"

王东以沙漏作比方，向刘明讲述了"一心不得二用"的道理，形象生动，颇给人启发。刘明明白了这个道理，意识到现在只有安心养病，才能把失去的功课补回来，真正搞好学习，也就不再焦躁，身体也很快康复了。

●注意保持口径一致

对于病人，特别是身患严重疾病的病人，探望时，不仅应该尊重医嘱，尊重病人家属的意愿，做到守口如瓶，而且在病人面前还要做到若无其事，甚至与之谈笑风生，显得轻松愉快。病人一般都对其周围亲友的一举一动十分注意，所以，要规劝病人的家属善于控制自己的感情，尤其在危重病人面前，决不能流露出自己的悲伤情绪，一定要表现得镇静自若。还要注意：当病人有什么治疗上的要求时，应尽可能给予满足。病人托付办的事，要千方百计去完成。在向病人告别时，要转达其他亲友对病人的问候和祝愿，并表示自己下次一定要来看望，使病人满怀希望和信心。

●探望病人时的语言忌讳

探望病人时，有些话是千万不能说的。我们一定要注意这方面的语言忌讳，以免踏进雷区。

例如，对一个怀疑患了癌症的病人，你不能一见面就对他说："据说你患了癌症，是不是真的？"虽然不能如此说，然而，却有很多人采取相近的说法。例如，当获知了对方的病名以及病态之时，这样说："听说你心脏不好，真是难搞的疾病呢！"或者说："哟！你的热度好高，听说这是危险的信号哩！千万要小心啊！"等等。

只要你探望过病人，你就不难明白一个事实，那就是：病人四周的人，并不一定向他诉及实情。因为病人的感情是脆弱的，心志已不够坚强了。这时，如果你是处处为病人着想的话，那就不该把实情全部告诉他，你应该把病名及病情稍微改变一下"面目"，然后轻轻松松地告诉他，切勿把从医生或别人那里听到的消息，原原本本地告诉他。

有时，病人会勉强打起精神来招呼你。这时，你切勿说："哎！你看起来比我想象中更有精神！"这实在是最没有心肝的说法。

这么一想之后，前往探病时，只要对方不讲话，你还是不要多说话较好。你只要说说"你感觉如何？身体的状况如何？"或者"请多多保重……"就可以了，不必说一大堆多余的话。

又如"岁暮天寒，请多多保重……"等的说法，亦会引起某些人的不快。尤其是年老的人，有很多人是不喜欢听到"岁暮"两个字的。这一点要多多注意。

致谢

　　本书在策划和编写过程中，得到了许多同行及老师和作者的关怀、帮助与大力支持，在此向以下参与本书编写的人员致以诚挚的谢意：许长荣、齐艳杰、孙亚兰、上官紫微、史慧莉、闫晗、李娜、杨青、聂小晴、李良婷、陈艳、常娟、廖瑶瑶、杜慧、杨秉慧、武敬敏、王艳明、李爱莲、张琦、孟宁、雒逸云、欧俊、杨莉、黄晓林、肖冬梅、李佳、罗语、李文静、李颜垒、蔡亚兰、王杰、范小北、陈润、周珊、赵一、赵红瑾、齐红霞、曾桃园、赵广娜、张保文、杜莉萍、张艳芬、李伟楠、王鹏、杨英、杨艳丽、于海英、姚晓维、刘红强、毛定娟、李伟军、魏清素、何瑞欣、付欣欣、王艳、黄亚男、曹博、陈小婵、贺兰、焦亮、廖春红、慈艳丽、黄薇、付玮婷、常悦、姜波、张云、杜艳洲、白雪、江瑞芹、丁敏翔、闫瑞娟、杨云鹏等。